父母强大了，孩子才优秀

改变孩子先改变自己

周倩⊙著

中国华侨出版社

图书在版编目（CIP）数据

父母强大了，孩子才优秀：改变孩子先改变自己 / 周倩著.
—北京：中国华侨出版社，2017.4
ISBN 978-7-5113-6749-5

Ⅰ.①父… Ⅱ.①周… Ⅲ.①家庭教育 Ⅳ.①G78

中国版本图书馆 CIP 数据核字（2017）第 067572 号

父母强大了，孩子才优秀：改变孩子先改变自己

著　　　者 / 周　倩
策划编辑 / 周耿茜
责任编辑 / 文　蕾
责任校对 / 王京燕
封面设计 / 胡椒设计
经　　　销 / 新华书店
开　　　本 / 710 毫米 × 1000 毫米　1/16　印张 /15　字数 /186 千字
印　　　刷 / 北京毅峰迅捷印刷有限公司
版　　　次 / 2017 年 5 月第 1 版　2017 年 5 月第 1 次印刷
书　　　号 / ISBN 978-7-5113-6749-5
定　　　价 / 32.00 元

中国华侨出版社　北京市朝阳区静安里 26 号通成达大厦 3 层　邮编：100028
法律顾问：陈鹰律师事务所
编辑部：（010）64443056　64443979
发行部：（010）64443051　传真：（010）64439708
网　　址：www.oveaschin.com
E-mail：oveaschin@sina.com

前言
重视"相互成长"的力量

半个多世纪前,智利女诗人米斯特拉尔曾写下这样一首诗:

我们需要的许多东西都可以等/但孩子不能等/现在,他的骨头正在成长/现在,他的血液正在制造/现在,他的心智正在发展/对他,我们不能说明天/他的名字叫今天。

相信,很多做了家长的人,会对此诗产生深深的共鸣。

当你打开这本书的时候,也许我们恰好有着相似的情形——身边正有一个孩子需要我们悉心教导。他的第一个哈欠,第一抹微笑,第一声叫喊,第一滴眼泪,都攫住了我们全部的心神。我们见证了他的成长,体察了人类最初的情感,并深深为生命的延续而感动莫名。

作者的女儿叫嘟嘟,这本书中有无数关于她的真实故事。当将她的点点滴滴汇集成书的时候,除了感慨,作者还深刻体会到了"相互成长"的力量。这种力量在帮助孩子认识世界的同时,也深刻地影响着我们家长自身——告诉孩子不要横穿马路后,自己变得更加遵守交通规则;告诉孩子要体谅他人后,自己变得更加宽容;告诉孩子要善于观察生活后,自己变得更加容易发现身边的点滴美好……就如同牛顿第三运动定律一样,家长与孩子相互影响,相互成长。从这个角度来说,孩子是家庭的一面镜子。

　　与其他孩子一样，在最初的几年里，嘟嘟需要面对很多生活上的困难；而作者作为新手妈妈，很多问题不知如何处理。老一辈的教育习惯，经典的教育理论，网络上的育儿心得，内容纷繁芜杂，反而让人无所适从。因为所学专业和职业关系，在嘟嘟出生以前，作者已经有了多年的教育实践与心理辅导经验，然而嘟嘟出生后，她却深感自己的教育学、心理学知识远远不够，于是开始了更深入的钻研。当孩子锲而不舍地向她追问时，当孩子清澈的眼睛投射出询问的目光时，她那一点想要偷懒的小心思，顿时消失得无影无踪。这种相互促进的力量帮助了孩子，更帮助了父母自身的成长。

　　孩子是我们生命的延续，是未来的希望。没有哪个父母不为孩子的将来着想，我们是那么着急于他的成长，却常常用错方式，导致"替孩子着想"反而妨害了孩子的健康成长。很多父母习惯于扮演着过来人的角色，对孩子进行"专政统治"，无论在怎样的时间、场合，父母总是发号施令的那一方，不断把自己的思维模式和主观愿望强加到孩子身上，却很少考虑孩子的实际需求与内心想法。一旦父母的愿望与孩子的想法产生碰撞，父母们就会对孩子大失所望，强制要求孩子按父母的意愿行事，却很少去分析，我们的指令是否正确，孩子是否必须接受我们的指令。

　　我们都在热切地期盼着孩子的茁壮成长，我们常常做得很多，然而要知道，积极应对的前提是信念正确，否则只会多做多错。父母不仅仅是孩子的物质供应者，更是心灵和精神的供养者，与孩子携手同行的路上，只有用对方法，我们才能彼此促进，共同成长。

　　孩子的教育是个漫长的过程，千言万语归纳起来，不过是"爱与自由"四个字。我们应感谢孩子，他们让我们更深地看到世界的美好，让我们的心更柔软。他们教会我们的,远比我们教给他们的要多。

  作者也真心地希望,每一位父母在赋予孩子生命之后,能与其相互成长,共同谱写人生的乐章!

目录
Contents

家庭氛围篇

第一章　构建"太空堡垒"——让亲子关系牢不可破 / 002

　　一、乐观的孩子源自温暖有爱的家庭 / 002

　　二、改变"望子成龙"、"望女成凤"的传统观念 / 006

　　三、不要用"不爱"要挟孩子 / 008

　　四、"言行一致"原则必须贯穿于亲子关系的始终 / 010

　　五、父母也是普通人 / 012

第二章　别用忙碌当借口——陪伴是最好的礼物 / 016

　　一、最好的教育是陪伴 / 016

　　二、你的陪伴是有效陪伴吗 / 020

　　三、隔离才能独立吗 / 025

第三章　蹲下来跟孩子说话——关于平等与尊重 / 030

　　一、蹲下来，站在孩子的角度看问题 / 030

　　二、孩子为什么不听话 / 034

　　三、家庭会议很重要 / 038

第四章　做"会说话"的家长——与孩子沟通的原则与技巧 / 043

　　一、先理清情绪，再处理问题 / 043

　　二、"好指令"与"坏指令" / 047

　　三、巧用"共情" / 049

　　四、告诉孩子"为什么" / 052

　　五、该拒绝时就拒绝 / 054

第五章　了解儿童敏感期——让孩子自由健康成长 / 058

　　一、了解儿童敏感期的意义何在 / 058

　　二、儿童有哪些敏感期 / 061

第六章　学知识还是培养习惯——"早教"的目的是什么 / 072

　　一、为什么要早教 / 072

　　二、早教教什么 / 075

　　三、早期教育，请教会孩子积极的心理暗示 / 079

四、不要让孩子的学习变成父母炫耀的资本 / 083

第七章　纸上得来终觉浅——体验比告知更重要 / 086

　　一、多给孩子体验的机会 / 086

　　二、不要急着告诉孩子答案 / 088

　　三、帮助孩子体验快乐的心情 / 090

　　四、带孩子旅行的意义是什么 / 092

　　五、自然是最好的老师 / 097

第八章　爱读书的孩子更聪明——亲子阅读，越早越好 / 101

　　一、阅读，未来竞争力的基础 / 101

　　二、阅读是一种习惯养成 / 103

　　三、亲子阅读，让父母与孩子靠得更近 / 106

　　四、亲子阅读中的常见误区 / 109

　　五、寓教于乐——阅读可以很好玩 / 114

第九章　从"要我学"到"我要学"——提升孩子的学习力 / 117

　　一、找到兴趣所在，优化学习情绪 / 117

　　二、不是为了赢别人，而是为了不输给自己 / 121

　　三、如何制定学习目标 / 124

第十章　训练感官敏锐度——全面提高思维能力 / 129

　　一、感官训练很重要 / 129

　　二、提升孩子专注力 / 133

　　三、提高孩子记忆力 / 138

四、培养孩子多向思维／144

第十一章　性教育、死亡教育——不可或缺的幼儿教育／148

　　一、5岁开始性教育／148

　　二、死亡教育，让孩子更珍惜生命／152

第十二章　别把孩子养"软"了——不做事事包办型家长／158

　　一、从小做家务的孩子更出色／158

　　二、让孩子"自作主张"／162

　　三、教孩子如何解决问题，而非替孩子解决问题／167

　　四、男性家长，请为孩子多补"钙"／170

第十三章　从心所欲不逾矩——让规则意识深入孩子内心／173

　　一、规则意识的重要性／173

　　二、为孩子制定合理规则／175

　　三、执行规则的方法与原则／178

第十四章　孩子天生不会撒谎吗——找到谎言背后的真相／184

　　一、诚实是人生的重要品质／184

　　二、分清说谎与幻想／187

　　三、为孩子树立诚实的榜样／189

四、别让孩子因为害怕惩罚而撒谎 / 193

第十五章　稳定、乐观——教孩子学会情绪管理 / 196

一、儿童稳定的情绪源于父母稳定的情绪 / 196

二、帮助孩子准确认知并表达情绪 / 199

三、正确对待负面情绪 / 201

四、努力培养积极情绪 / 204

第十六章　自控、规划——教孩子学会时间管理 / 206

一、孩子为什么"慢吞吞" / 206

二、帮助孩子感知时间 / 208

三、制订计划，有效管理时间 / 210

第十七章　友善的孩子人人爱——提高儿童人际交往能力 / 216

一、人际交往能力是儿童成长中的必备能力 / 216

二、儿童人际交往中的常见问题 / 219

三、提高儿童人际交往能力的方法 / 221

家庭氛围篇

父母强大了，孩子才优秀：
改变孩子先改变自己

第一章
构建"太空堡垒"——让亲子关系牢不可破

所谓"亲子关系"，是指父母和子女间的关系。亲子关系是我们每个人来到世间的第一重关系，也是人生中最重要的关系。亲子关系是否和谐，直接决定孩子今后的成长是否幸福。

所以，掌握一些基本原则，把家庭打造成牢不可破、能够抵御一切外界风雨的"太空堡垒"，让亲子关系牢不可破，是我们每一位做父母者的追求。

一、乐观的孩子源自温暖有爱的家庭

孩子从出生开始，就有源于生命本能的"爱与温暖"的需求。

美国心理学家哈洛曾做过著名的"绒布妈妈"实验。他把刚刚出生的小猴子和妈妈分开，关在笼子里用奶瓶喂养。观察结果表明，奶瓶喂养的小猴子虽然更强壮，却总是吮手指头、发呆、神情漠然。他分析是缺少母爱的缘故，于是为小猴子制作了两种假的猴妈妈。一种是用冰冷坚硬的铁丝编成的"铁丝妈妈"，另一种是用松软的海绵和绒布做成的

第一章
构建"太空堡垒"——让亲子关系牢不可破

"绒布妈妈"。"铁丝妈妈"身上有奶瓶,而"绒布妈妈"身上没有。哈洛惊奇地发现,小猴子只有在饥饿时才去"铁丝妈妈"那里吃奶,绝大多数时间,它们都依偎在"绒布妈妈"怀里。

这个实验说明,父母不仅仅是孩子的物质供应者,更应是心灵和精神的供养者,父母温暖的拥抱和爱是孩子活泼、热情、快乐、自信的保证。

在孩子眼中,家庭就好像一个小社会。父母的相处之道,能让孩子在潜移默化中学习如何接人待物。家庭关系是否和睦,父母感情是否和谐,家庭氛围是否轻松,父母与孩子之间是否亲密无间、相互尊重,这些都直接关系到孩子的成长与人格的塑造。

在父母关系恩爱和谐的家庭里长大的孩子,大多彬彬有礼、富有爱心,较少攻击性。在父母孩子相互尊重的家庭里成长起来的孩子,大多有稳定的安全感、归属感,性格多乐观、自信、诚实,遇到困难多会采用积极的方式应对。

相反,如果夫妻关系不好,经常在孩子面前冷战、争吵,孩子很容易缺乏安全感、归属感,从而导致心理失衡;如果父母对孩子常常疏远、呵斥,孩子"爱与温暖"的基本要求不能满足,则易导致性格冷漠、偏激,甚至反社会。

若想要让孩子健康、快乐成长,还请为孩子营造这样的家庭氛围:

彼此关爱。每位家庭成员都把相互理解、关爱、信任当作最基本的原则去执行。

互相尊重。每位家庭成员都有自己的弱点、不足、隐私,都需要独处的空间和时间。尊重彼此的选择,父母尤其不要强行窥探孩子隐私。

乐观积极。父母若能坚持每天挖掘生活中的细微美好,孩子自然可

父母强大了，孩子才优秀：
改变孩子先改变自己

以成为乐观积极、懂得欣赏的人。

求同存异。每个人都有不同的见解、看法，不要固执己见，即使你是正确的，也要尊重和允许别人的做法乃至错误。

分享分担。无论是快乐还是悲伤，无论是苦恼还是幸福，都可以拿出来与大家共享。让孩子看到家长的苦恼与悲伤，会激发孩子对家长的爱与照顾。

拥抱亲吻。无须做传统的情感克制型家长，多对其他家庭成员说"我爱你"，多拥抱、亲吻其他家庭成员。

现代社会，很多父母想方设法给孩子创造美好生活，却往往用错误方法，带给孩子抹不去的心理阴影。

曾经有一对夫妇带着孩子来找心理医生做心理辅导。夫妻俩都是精明能干的事业型强人，性格外向、言辞犀利、收入不菲，然而10岁的独生女却性格胆小懦弱、畏畏缩缩，完全没有一般小孩子的活泼烂漫。

在聊天中心理医生了解到，这对夫妇性格同样强硬，常常因为鸡毛蒜皮的小事发生争执，在孩子面前吵得面红耳赤，甚至摔砸东西。争吵之后，或者陷入冷战，一家人几天不说话；或者闹离婚，双方争着问女儿愿意跟谁。

小女孩在这样的家庭氛围里长大，常年胆战心惊，逐渐变得敏感、胆怯，见到人不敢抬头直视，说话声音细弱无力，听到别人说话声音稍大就会显得惊恐无助，时刻怀着父母一方会离开她的忧郁，安全感严重缺乏。

可见，人若没有一个好的家庭环境，就很难展开一个正常的生命。

然而，一个家庭不可能没有矛盾，夫妻之间也很难一辈子不吵架。

第一章
构建"太空堡垒"——让亲子关系牢不可破

随着离婚率的逐渐上升,单亲家庭的比例越来越高。那么,如何把家庭纠纷对孩子的负面影响降到最低呢?

我们不妨记住一些基本原则:

夫妻间若有矛盾,尽量避开孩子自行解决,不要在孩子面前争吵。否则孩子容易敏感、畏缩,或者暴躁、易怒。

不要在孩子面前责怪、抱怨另一半,这会让孩子眼中的父母形象坍塌,从而导致对父母的不信任。

学会主动沟通。主动与另一半沟通,努力让隔阂消除。如果实在无法消除隔阂,请向孩子坦承父母之间出了一点儿问题,让孩子有接受父母分手的准备。

当夫妻感情实在无法延续,请体面、和平地分手,不要在孩子面前撕破脸,更不要把对另一半的仇恨转移到孩子身上,用指责、打骂孩子来宣泄自己的负面情绪。

告诉孩子,无论他选择跟谁,爸爸妈妈都会永远爱他、照顾他。父母之间的任何事都与孩子无关,父母的分开也绝不是孩子的责任。

分手之后,不要限制孩子与另一半联系,这是他们应有的权利。千万不要剥夺孩子已经缺少的父母之爱。

- 乐观的孩子源自温暖有爱的家庭,和谐温馨的家庭氛围能影响孩子的一生。
- 在家庭生活中,每个人都要努力展现出积极健康的一面,少抱怨对生活和他人的不满,多看到生活中的闪光点。
- 肢体和语言的亲密对心灵的亲密有极大帮助。
- 即使分手,也要体面地分手,并告诉孩子,爸爸妈妈的分开与他无关,爸爸妈妈永远爱他。力求把父母分手对孩子的伤害降到最低。

父母强大了,孩子才优秀:
改变孩子先改变自己

二、改变"望子成龙"、"望女成凤"的传统观念

关于孩子的一生该怎样度过,每个父母都有自己的期望。望子成龙、望女成凤,这一几千年来中国父母的传统观念,在现代更被演绎得无以复加。

这些父母眼中的"成功",常常具体化为:努力读书,进一流名校,读金融、法律等专业,毕业后进入政府部门或世界500强企业工作,成为高收入人群。又或是,学一门才艺比如音乐、绘画,通过刻苦训练,成为知名画家、音乐家,享誉世界。

还有些家长,喜欢把自己当初的遗憾加于孩子身上,口头禅是"爸妈当初没条件做到,现在我们给你创造了条件,所以你一定要做到",逼迫孩子成为父母想要成为却无法成为的那些人。

在这种观点之下,"虎妈"、"狼爸"不断涌现,带起一波又一波热议。

但是,这种传统观念真的正确吗?

家长抱着"孩子现在辛苦点,但将来会明白我的苦心"的想法,完全不顾孩子意愿,急切地逼迫孩子努力再努力,只会让孩子丢失他在这个年龄段应该得到的快乐。

多年的教育生涯中,我曾不止一次遇到被父母逼着读书,读到最终抑郁症的孩子;也见过为了家长的期望去学钢琴、古筝,在考完所有级、能够中高考加分之后,再也不肯碰乐器,甚至一听到别人弹琴就反胃的孩子;还见过明明喜欢文学,却在父母强烈要求下读了金融专业,几年后抛弃学业、离家出走的孩子。

第一章
构建"太空堡垒"——让亲子关系牢不可破

其中最令人惋惜的例子是,一位男生在高考成绩出来后跳楼自杀,遗书上写着:"爸妈对不起,我从来没有达到你们的要求,我太累了。"而他的高考成绩,足够上一所很好的重点大学。

在这样的高压逼迫下,确实有些孩子最终成为家长眼中的"成功者",有了稳定的工作和高收入。但是,他们的内心常常是不完整、不快乐的。

父母们,还记得孩子刚刚出生时,你们的希望吗?是希望孩子未来快乐健康,还是希望他一生郁郁寡欢?

更多的家长,一方面希望孩子快乐,一方面又担心不逼迫孩子学习,会导致孩子不思进取、一事无成。

事实正好相反。

心理学研究证明,每个孩子都有特殊的"潜能窗口"。一旦这个窗口被打开,与之相关的神经元就会格外活跃,孩子会表现得格外专注、好学,在这方面的特长会充分展现,学习起来事半功倍、突飞猛进。在自由发展的状态下,这个窗口很容易被打开,这些潜能常常爆发出惊人的力量,使他们成为某一领域的"天才"。

而当父母把"成龙成凤"的愿望强加于孩子身上时,孩子不能自由快乐成长,潜能就会被最大限度压制住,到最后非但不能成功,反而会越来越痛苦。

不逼迫孩子学习,不等于不帮助孩子学习。面对儿童的"潜能窗口",家长应积极鼓励和帮助他找到最佳发展道路,从而成就孩子的"优秀"。

- 孩子有自己的道路要走,他们不是父母的复制品,不应该背负父母

父母强大了，孩子才优秀：
改变孩子先改变自己

　　的理想、愿望。
- 鼓励孩子不断尝试，找到适合自己的发展道路，尽早打开"潜能窗口"。
- 世界上没有两片完全相同的叶子，也没有两个相同的人。要求孩子像某某人一样成功，本身就扼杀了孩子自己的潜能和特质。
- 父母的强大，不等于强制，而恰恰在于有信心、有能力让孩子自由发展。孩子的优秀，不仅优秀在成绩，更要优秀在心性与品质。

三、不要用"不爱"要挟孩子

　　有些话，我们在日常生活中经常听见——

　　公交车上，孩子反复踢着前排座位。面对前排乘客的白眼，尴尬的妈妈对孩子说："你再不听话，妈妈就不爱你了。"

　　儿童乐园里，孩子玩得兴起，无论家长怎么拉都不肯走。心急的爸爸说："你再不走，我自己走，我不要你了。"

　　家里，父母面对被孩子弄破的玩具、书籍，愤怒地说："你要再这样，我就把你和坏掉的玩具一起扔进垃圾桶里。"

　　父母带孩子出去走亲访友，亲戚朋友逗孩子说："你爸爸妈妈不要你了，你跟我回家吧。"

　　这样的话，我们小时候可能也经常听到，甚至习以为常。可是你还记不记得，小时候你听到这些话时的反应是什么？现今，已经成为父母的你，又是否仔细想过，对一个孩子而言，最大的恐惧是什么？

　　你一定要知道，孩子最大的恐惧是父母不爱他、抛弃他。

　　美国著名作家、诺贝尔文学奖获得者斯坦贝克曾说过："孩子的最

第一章
构建"太空堡垒"——让亲子关系牢不可破

大恐惧是失去了爱,而被遗弃是他所恐惧的地狱。跟随遗弃而来的是愤怒,愤怒又会造成报复心理,带来某一种形式的犯罪行为。"

心理咨询师武志红则表示:"从最开始出生的分离,到出生后,婴儿意识到自己与妈妈是两个人,这种心理上的分离比分娩的过程还要痛苦。与妈妈和其他重要亲人的每一次分离都是痛苦的,每一次都让幼儿担心自己被抛弃。"

这其实是一件很奇怪的事。父母明明爱孩子胜过自己的生命,舍不得孩子受一点点伤,却动辄在孩子不满足自己心意时,说出"不爱"、"不要"、"把你扔掉"、"你是从垃圾桶里捡来的"这类言语。利用一次又一次的语言暴力,来击退孩子的各种"不尽如人意"。

这样导致的结果是,家长明明很爱孩子,孩子却时刻提心吊胆,觉得只要自己犯错误了,甚至仅仅是不合父母心意,父母的爱就会收回。

当孩子反复被"不爱"要挟,他会感到恐惧担心,乃至丧失安全感。年幼时,他会反复试探和验证父母的底线,变得爱哭闹、难以安抚、格外黏人。稍大一些,则会对亲子关系本身的牢固程度产生怀疑,极端情况下,还会变得完全不在乎这份人伦之爱。

正因为后果如此严重,所以这种拿"不爱你"或者"不要你"作为要挟的话语,被心理学家认定为严重伤害儿童情感的"语言暴力"。而从儿童成长看,用这种语言暴力要挟孩子的后果,除了导致儿童安全感的缺少,还有其他隐患。

比如,当孩子觉得"一旦不服从家长,一旦自己的想法与家长相左,就会被抛弃",他会逐渐变得不敢表达自己的意见,不敢独立探索世界。长此以往,则会缺乏自信、胆小畏缩。

又比如,孩子会学习父母的这种说话方式,将来形成同样的要挟思维，变得难以接受别人的不同意见，习惯用要挟手段达成目的。更坏的是，他还会把这种思想传给自己的下一代。

- 家长对孩子的爱，是孩子在这个世界上永远不会失去的东西，是一个人立足于社会时最坚强厚实的后盾，也是一个孩子成长过程中自信与快乐的源泉。
- 无论在哪一种情况下，孩子都不应该受到遗弃的威胁。即使你在气头上，也绝不能让孩子感觉到，他有被遗弃的可能。
- 如果家中不止一个孩子，一定要让孩子们觉得，父母给每个孩子的爱是平等的。
- 一旦你用"不爱"要挟孩子，总有一天孩子也会用类似方式要挟你、抛弃你，或者要挟其他人。
- 如果有他人用类似"你爸爸妈妈不爱你了"之类的言语逗弄你的孩子，你要在第一时间坚决地告诉孩子"不，绝不会这样，爸爸妈妈永远爱你"，并且告诉逗弄者，你和你的孩子不欢迎这样的交谈方式。
- 告诉孩子，勇敢探索世界，父母永远在他身后。

四、"言行一致"原则必须贯穿于亲子关系的始终

教育孩子的过程中，言行一致原则极为重要。

我们常常看到，有些父母总抱怨孩子说话不算数，却没有考虑，自己是否言行一致。一旦父母不能做到表率，孩子可能会觉得不遵守诺言也没什么大不了的。

儿童的成长过程，是一个自我认知系统的建立过程。如果在同一件

第一章
构建"太空堡垒"——让亲子关系牢不可破

事上,大人说的与做的不同,或者父母两人的观点相反,孩子内心就会产生疑问,不知所措。这极不利于儿童构建统一的认识环境。

嘟嘟两三岁的时候,有一次我们答应了当天给她买一只泡泡枪,然而我和她爸爸随即忘记了这件事。晚上睡前,她忽然问我们:"泡泡枪呢?"

我和她爸爸这才想起来,便对她承诺:"我们忘记了,明天一定去超市买。"

第二天我去超市给孩子买了泡泡枪。见她玩得很开心,我以为这件事过去了。

隔了两天,女儿答应我们收拾好玩具就吃饭,可转头她就去画画了。我问她:"嘟嘟,你自己说收好玩具就吃饭的,为什么不做到?"

她很自然地说:"爸爸妈妈也是这样啊,答应了买泡泡枪,也没当天就买啊。那我也要过会儿再吃饭。"

这件事给我的触动很大。你不遵守诺言,她也就不遵守诺言。孩子就是大人的镜子。

从那天起,我们凡是承诺的必定做到,对于做不到的事情绝不随口承诺;想要孩子做到的事情,自己一定先做到。

这样过了很久,忽然有一天我发现,有很多事,我从来没有要求过她,她却都能做到。我问她为什么。她说:"我跟爸爸妈妈学的呀。"

前后一致的认识情境,有助于孩子建立正确的行为习惯。但是,生活中很难避免意外的发生。如果出现异常情况,一定要及时解释或者补救。

以"过马路,不闯红灯"为例,为了给嘟嘟示范,我自己从不闯红

父母强大了，孩子才优秀：
　　改变孩子先改变自己

灯。有一次因为修路，我家门前整条街断电，所有红绿灯都熄灭了（异常情况），我立刻对她解释："灯坏了，所以这次没有办法等绿灯。"然后才牵着她过了马路。

　　又有几次，嘟嘟发现有人闯红灯，指给我看。我第一时间告诉她："这是不对的，大人也会犯错误。然而我们不能因为别人犯错误，也跟着犯错误。"

　　通过这样的及时告知，在异常情况发生时，孩子依然能够清晰判断怎么做，并与往常得到的认知保持一致，而不至于概念混乱。

- 孩子的行为举止来自家长的表率，而非指令。
- "言行一致"既是对孩子的教育，也是对成人的约束。要想孩子成为信守承诺的人，家长的言行一定要保持一致。
- 不要轻易给孩子承诺，做不到的事情不要承诺，而要告诉孩子"不，这是不可能的"。一旦给出承诺，一定要做到。
- 如果出现异常情况，无法与平时的做法标准统一，一定要及时解释或补救。

五、父母也是普通人

　　在面对孩子时，父母应该用正确的心态来要求自己。

　　父母不是 24 小时保姆！

　　初为人父母，很多人都会觉得自己陡然间使命重大，必须 24 小时全身心投入，才能照顾好孩子。再加上几乎所有的育儿理念，都对孩子的需求再三强调，强调孩子需要爱、需要理解、需要耐心、需要持之以恒的呵护帮助……

第一章
构建"太空堡垒"——让亲子关系牢不可破

于是我们渐渐觉得，一旦成为父母，我们就必须放弃原有的自由和自我，完全以孩子为中心，不能再拥有自己的私人空间。到后来，即使偶尔接受亲友邀请出门放松一下，心里的愧疚感也会使我们难以尽兴。我们难以尽兴，亲友则会觉得扫兴。久而久之，我们会厌倦这种囚徒似的生活，禁不住下意识地怨恨自己没用，或是怨恨孩子影响了生活品质。

我认识一对年轻的夫妻，两人是大学同学，原先感情亲密深厚，但自从有了孩子，两人之间争吵不断。女方指责男方对孩子不够尽心，抱怨他在自己辛苦带孩子的时候出门与朋友聚会；男方则抱怨女方全身心扑在孩子身上，忽视了正常的夫妻生活和人际交往，让自己透不过气。

要知道，养育孩子是一项漫长的工程，如果过分劳神或者总是做不必要的自我牺牲，父母会觉得疲惫不堪，孩子则往往不领情，认为父母管得太多。

所以，在全心关爱孩子之外，我们也要把注意力扩展到孩子以外的生活上。如果可以，不妨每天挤出一点时间，专门与爱人或其他重要亲友相处。要尽量保持与孩子到来前同样的热情和亲密度来继续夫妻生活。这不单是维持夫妻感情的良方，也是潜移默化教育孩子的良方。要牢记，父母是孩子的榜样，父母之间亲密恩爱的关系是孩子学习与人友好相处的最佳途径，也是孩子成年后组建自己家庭时最有可能效仿的范本。

父母不是超人！

有些父母觉得，为了维护自己在孩子面前的尊严，父母应该是永远正确、不会犯错的完人。事实上，这种想法对亲子关系并没有好处。

一个人不可能是完美的。一旦父母习惯于扮演无懈可击、没有弱点

父母强大了，孩子才优秀：
改 变 孩 子 先 改 变 自 己

的"坚硬铁皮人"，刻意在孩子面前营造完美形象，让孩子只看到父母好的一面，过滤掉不好的东西，对孩子会有哪些影响呢？

首先，父母在扮演超人的过程中，他的状态会不知不觉紧绷起来，从而传递给孩子一种辛苦、紧张的状态，让孩子在无形中产生紧张感、压抑感、焦虑感，与父母对孩子健康快乐发展的初衷背道而驰。

其次，从儿童发展心理学上说，父母是孩子的第一个超越目标。如果父母过于超人化，孩子就会觉得我无法超越父母，从而失去前进的动力。

再次，当父母一直在孩子面前扮演超人时，孩子会认为"世界就该这样完美"，那么当他遇到困难、挫折时，或者有一天发现父母其实没那么完美时，他就会产生信念上的冲突，对自己的过往认知产生怀疑，乃至对世界产生怀疑。

相反，当孩子看到父母也会犯错，也会遇到失败、挫折时，孩子潜意识会觉得"不成功"是被允许的。这样，孩子的生命状态才可能放松下来，他才可能真正去尝试找到属于自己的自由和使命，孩子自己的生命能量才可能真正释放。

记得嘟嘟3岁的时候，有一次我身体极度不舒服，肚子疼到忍不住哭了出来。

本来低头玩玩具的嘟嘟听到声音，呆呆看了我几秒，忽然站起来走到桌边，抽了几张纸巾走到我跟前。她伸出小手，很小心地帮我擦去眼泪，一边擦一边用另一只手拍拍我，就像我平时拍她那样，说："妈妈别哭了，我会保护你。"

当孩子发现，家长也有心情不好的时候，家长也有被关爱的需求，孩子内心柔软的一面就会被极大激发出来。当他尝试着用笨拙的方式来

第一章
构建"太空堡垒"——让亲子关系牢不可破

安慰家长时，他就走出了生命中最初的"关心他人、帮助他人"的一步。而这，对儿童的情感成长有极大帮助。

放松心态，我们要用正确的心态看待自己的身份，这样才是更好地帮助孩子成长。

- 父母不是24小时保姆，我们需要有自己的独立空间、时间，以及与爱人和亲友的亲密相处。
- 父母不是完美超人，我们会成功，也会失败，不要害怕对孩子承认自己的错误和弱点。
- 孩子需要被关爱、被尊重、被鼓励、被支持，父母同样需要。家长无须在孩子面前隐藏内心正常的情绪。
- 父母用轻松、真诚的方式向孩子展示自我，今后孩子自然也会以轻松、真诚的心态创造自己的人生。
- 父母通过行动展示给孩子看，他们虽然会失败悲伤，但失败悲伤后会更乐观勇敢地前行，有利于培养孩子自信、乐观、积极、勇敢的心态。

父母强大了，孩子才优秀：
改变孩子先改变自己

第二章
别用忙碌当借口——陪伴是最好的礼物

最好的老师是父母，最好的教育是陪伴。

好习惯的重要性不言而喻，习惯的养成需要我们做父母的付出大量的时间和精力。在儿童教育过程中，没有什么比付出时间与耐心更有用，就像《小王子》中说的："你为你的玫瑰花费的时间，使你的玫瑰花变得独一无二。"

一、最好的教育是陪伴

现代家庭教育的一个大问题是，家长肯为孩子花钱，却不肯为孩子花时间、花心思。家长焦虑着"不能让孩子输在起跑线上"，焦虑择校、焦虑分数、焦虑"别人家孩子"比自家强，却很少有人焦虑是否给了孩子足够的陪伴。有的家长认为教育主要靠学校，于是拼命工作挣钱，把孩子的学习交给学区房、昂贵名校，把孩子的成绩交给老师、培训班，把孩子的陪伴交给老人、保姆……

而教育研究结果表明，促使孩子在学习能力测试上得高分的因素

第二章
别用忙碌当借口——陪伴是最好的礼物

中,智商、社会条件、经济地位均占比很少,最重要的影响因素则是"经常与父母一起吃晚饭"。父母的陪伴,能满足孩子的安全感与温暖的需求,更能因融洽的亲子关系让家长的教育"入脑入心",这才是孩子最踏实可靠的"起跑线"。

家长们,若真焦虑"起跑线",那就少加点班,多陪陪孩子。相信你能给的,辅导班给不了,老师给不了,老人和保姆也给不了。切莫等到孩子与家长关系疏远、孩子出现情感障碍时才悔之莫及。

我们班里曾经有一位"问题学生",脾气骄纵、性格浮躁,与同学、老师相处得都不是很好。有一次家长会,父母相互推脱,都说生意忙,没时间来。在班主任的再三坚持下,这位男生的母亲来开家长会,一见到老师就抱怨孩子被他爷爷奶奶宠坏了。

交谈过程中,我们了解到,孩子从半岁开始就被丢给爷爷奶奶带,父母两人在外地做生意,只有过年才回来一次。为了弥补不能陪伴的空缺,父母拼命给孩子钱,导致孩子小小年纪花钱就大手大脚。而爷爷奶奶十分宠溺孩子,百依百顺,更是助长了孩子的坏脾气。

在这位母亲抱怨爷爷奶奶宠坏孩子的话语间,可以听得出来,孩子与父母有很深的隔阂,沟通不畅、相处不和谐。然而这位母亲对于自己没有亲手带孩子并无一丝后悔。

其实,这才是孩子问题的关键所在。

很多长期交给他人抚养的孩子都会出现类似问题——与父母缺少交流,相处不和谐;孩子脾气不稳定,或孤僻或任性。悲哀的是,这种把孩子丢给爷爷奶奶,父母撒手不管的抚养方式并没有引起家长们的认真反思。

父母们总在强调,我没有办法,我要工作,我时间不够,我要实现

父母强大了，孩子才优秀：
改变孩子先改变自己

自我价值，我是为了孩子才出去赚钱……却没有问过孩子需不需要关心、陪伴。每当成人利益与孩子利益发生冲突，成人总是主动选择的一方，孩子则成为被动承担选择结果的一方。

把原本应该自己承担的养育职责推脱出去，这种教养方式的缺陷不会一下子显现，却会在孩子成长的过程中反复留下伤痕，一条又一条的伤痕逐渐加深，最终成为心理缺陷的一部分，严重影响他的生命轨迹，也影响了家庭成员间的情感。

现实给了我们足够的教训，在学校里，"问题少年"几乎毫无例外的都有一个不够温暖的家庭。至于近几年社会新闻中屡见不鲜的留守儿童引发的问题，更是都与"缺少父母陪伴"有关。

相比于农村留守儿童的问题，"城市留守儿童"的问题一直未能引起人们的广泛关注。

所谓"城市留守儿童"，少数确实是因为父母在外地工作而留给其他亲属抚养的，但更多的是与父母生活在一起，却得不到父母足够关心的孩子。

这些"城市留守儿童"常常是父母工作很忙，即使在家也难得有空与孩子交流。偶尔有时间陪伴孩子的话，几乎唯一的关注点，都落在孩子的学习成绩上。孩子成绩好倒也罢了，一旦成绩不佳，父母就会一顿批评数落，认为孩子不够用功。他们仅有的亲子时间大半都花在数落孩子上，却很少有人反思孩子成绩为什么不好。

如此，即使父母与孩子住在同一屋檐下，亲子关系也会逐渐走向疏远、淡漠，无形中损害孩子的健康成长。

有一个小学四年级的女生，性格古怪、成绩不佳，在家总是与父母吵架。

第二章
别用忙碌当借口——陪伴是最好的礼物

经过了解得知,孩子的父亲是位生意人,平时工作繁忙很少回家;母亲是全职太太,按说应该有充足的时间陪伴孩子,然而她一天中的多数时间是出门与朋友打麻将、逛街、做美容。孩子从出生开始就交给保姆带,晚上也跟保姆一起睡。孩子曾多次央求父母留在家里陪她,都被父母拒绝了。孩子与父母的争吵,一方面是因为长期缺少关爱导致的心理失衡,另一方面也是为了吸引父母注意而故意为之的不得已举动。

如果这位父亲能多回家陪陪孩子,如果这位母亲能少出门玩乐多在家陪孩子,孩子的心理状态也许就能大为改善。打个不太恰当的比方,家长其实也是一种职业,遗憾的是这对父母并不称职。

类似父母还有很多,他们出于各种原因,把孩子丢给爷爷奶奶,甚至丢给保姆,自己却懒得操心,那又怎么能期待孩子心理健康、快乐?

婴幼儿时期,若孩子的需求未得到及时的回应,或是没有得到充分关爱,其内心就会产生恐惧,情感就会有缺陷。久而久之,则会缺乏安全感,难以信任他人,且怀疑自我能力。

对父母陪伴的需求,是孩子成长过程中十分重要的组成部分,家长一定要尽力满足孩子的这种情感需要,否则会给孩子的终身幸福留下不可弥补的缺陷和阴影。

值得注意的是,陪伴不一定需要一直在孩子身边。对于那些在外地工作的父母而言,如果能做到经常打电话或者与孩子视频聊天,让孩子知道父母关心他、牵挂他、爱他,同样是很好的陪伴。

- 孩子的成长教育是一个不可逆的过程。陪伴是孩子成长过程中不可缺省的最重要环节。放弃陪伴、教育子女的责任是为人父母者最大

父母强大了，孩子才优秀：
改变孩子先改变自己

的错误。
- 孩子要的陪伴，是在温馨而和谐的家庭氛围中，感受到父母在我身边，我是安全的，我是被父母爱着的。
- 忙碌，很多时候只是借口，即使不在孩子身边，也可以通过电话、视频等其他方式让孩子感受到温暖的陪伴。
- 无论孩子的资质如何，若父母愿意多花一点时间去陪伴、灌溉、照顾他，他就能健康快乐、茁壮成长。

二、你的陪伴是有效陪伴吗

有些父母可能会有疑惑：我天天在家，跟孩子在一起的时间不算少，可为什么孩子还是越来越不听话，跟我越来越疏远？

那么，我想先问问你们，在与孩子的相处中，是否有过类似这样的情况——

陪孩子逛公园，当他一脸兴奋地指给你看花朵上的蜜蜂，你却在和旁边的妈妈交流购物节打折力度；陪孩子画画，当他举高画纸向你描述他画中的世界，你挂念的却是明天的工作应该怎么安排；陪孩子看书，当他转头跟你分享好笑的故事情节时，你的眼睛却一直盯着手机刷微信，孩子说什么都没听清，只能敷衍一句"真好笑"。

如果曾有过以上情况，你要认真反省，自己真的是在陪伴孩子吗？

有一则著名的育儿小故事，名字叫《等一会儿，聪聪》。故事是这样的——

聪聪说："嘿，老爸。"

爸爸说："等一会儿，聪聪，老爸现在没空。"

第二章
别用忙碌当借口——陪伴是最好的礼物

聪聪说:"嗨,妈妈。"

妈妈说:"等一会儿,聪聪,妈妈现在没空。"

聪聪说:"妈妈,花园里有一只怪兽要吃我。"

妈妈不耐烦地说:"等一会儿,聪聪。妈妈现在没空。"

聪聪一个人来到了花园。他对怪兽说:"嘿!你好,怪兽!"

怪兽一口就把聪聪吃掉了。然后怪兽走进了聪聪的家。

怪兽走到聪聪妈妈的背后,大叫了一声。

妈妈说:"等一会儿,聪聪,妈妈现在没空。"

怪兽张大嘴巴,咬了聪聪爸爸一口。

爸爸说:"等一会儿,聪聪,爸爸现在没空。"

"吃晚饭了。"妈妈说。她把聪聪的晚饭放在电视机前。

怪兽把晚饭吃了个精光,它还看了一会儿电视。

妈妈大喊:"聪聪,该上床睡觉了。你的牛奶已经拿上去了。"

怪兽上楼喝了一口牛奶,大声说:"喂,我可是一只怪兽啊。"

"聪聪,妈妈现在没空,赶快睡觉吧!"妈妈慈爱地说。

这则故事代表了很多家庭的真实情况——父母都陪在孩子身边,孩子却显得孤孤单单。渐渐地,被长期冷落的孩子变得封闭、孤僻。

为了不再出现这种情况,我们需要的不仅仅是时间、空间上的陪伴,更需要"有效陪伴"。

有效陪伴,指在陪伴过程中细心关注孩子的需求,耐心聆听孩子的喃喃自语,尊重孩子的发展变化,感受他们成长过程中的各种情感需求并予以及时满足,与他们产生同频共振,从而使他们健康茁壮地成长。

如何才能做到有效陪伴呢?

父母在陪伴孩子的时间段里应全心全意、倾情融入,让孩子感受到

父母强大了，孩子才优秀：
改变孩子先改变自己

父母确实在关注自己。

没有哪个做父母的不愿意陪伴自己孩子成长，有时候出于工作压力和生活所迫，不得不放弃孩子成长过程的陪伴，离开孩子外出工作，使自己的孩子成了留守儿童。但也有不少父母，即使天天陪在孩子身边，却心不在焉、一心多用。比如，把孩子丢在一旁玩玩具，自己拿着手机低头看微信、看微博、刷朋友圈，或者看电视、上网。

更有甚者，有这样一位父亲，每次孩子母亲加班轮到他带孩子，他就塞给5岁的儿子一只手机让孩子玩手机游戏，然后他自己戴着耳机打电脑游戏。父子两人空间距离不足1米，却可以一整晚不说话，埋头各玩各的游戏。这位父亲，别说全心全意陪伴孩子，就连分心照顾孩子都做不到。

如果你在陪伴孩子的时间里总是心不在焉，不愿意体会陪伴孩子的快乐，那么这样的陪伴就不算有效陪伴。你一次又一次地让他失望，也许有一天，他也会把你拒于心门之外。

父母们，放下手机，放下自己的心事，多和孩子快乐互动吧。坐下来和孩子一起做一次手工；拿起笔和孩子一起画一张全家福；走出门和孩子一起寻找春天的花朵、秋天的落叶；陪孩子看他最喜爱的动画片，与他一起笑得人仰马翻；紧紧拥抱孩子，用你温暖的怀抱、温柔的语调，带给他信任和安全感。每一件在你看来微不足道的小事，都会为他的生命增添一抹明亮轻快的底色。

陪伴孩子不是约束孩子。

有效陪伴，应以了解孩子的兴趣和需要为基础，以孩子的需求为导向，尽力引导他的需求向良性结果发展，而不要一味限制他的爱好，强行要求他执行父母的决定。

第二章
别用忙碌当借口——陪伴是最好的礼物

如果孩子喜欢画画，无论有没有天赋，我们都可以积极创造机会让孩子画。如果孩子喜欢看书，我们可以陪孩子去书店挑选适合他的书，然后与他一起阅读。如果孩子喜欢玩游戏，我们可以选择有益身心健康的游戏，陪孩子一起玩。

陪孩子玩的时候，不妨让孩子控制整个活动进程。对于年龄较小的孩子，父母可以给出玩耍内容的建议，提供多种选择让孩子挑选；年龄较大的孩子则让他们结伴，在父母的带领下自主选择活动内容，多尊重孩子的意见，玩什么和怎么玩都让孩子选择，策划活动，包括去哪里、看什么、吃什么等。父母只需要给予孩子鼓励、建议和必要的支持。

有些父母，几乎所有陪伴孩子的时间都在教育他"好好学习别贪玩"。从孩子两岁开始就忙着教孩子认字、数学、英语，却限制他玩玩具的时间；陪孩子上无数的兴趣班，却不允许他痛快地在草地上打滚；给孩子买许多书，却不引导他欣赏故事的美妙，而是像考试一样规定孩子必须复述出情节……这些行为严重违反了孩子爱玩好动的天性，只会大大束缚孩子的活力，让孩子无比痛苦。

不少父母对孩子未来的设想，是孩子长大后能够在某一领域做出出色成绩，于是早在孩子很小的时候，就为他规划好严格的学习道路，父母一路陪伴向前冲。但事实上，过分的束缚，只会扼杀孩子走向优秀的可能性。"只陪伴，不设限"，为孩子营造宽松的成长环境，才是真正为孩子好。

有效陪伴是给孩子必要的引导、帮助与支持。

孩子成长过程中的很多非智力因素，是通过父母的言传身教来完成的。比如情感培养、性格塑造、习惯养成，以及责任、自信的养成等。

当孩子遭遇失败、挫折时，父母鼓励他"再来一次"；当孩子与同

父母强大了，孩子才优秀：
改变孩子先改变自己

伴发生冲突争抢时，父母引导他愉快地与同伴相处；当孩子面对痛苦悲伤时，父母及时抱住他，告诉孩子爸爸妈妈懂得他的难过；当孩子面临不会做的东西时，给孩子具体的指导和帮助，帮孩子渡过难关；当孩子做选择时，帮他看到可能的后果，并尊重他的选择，引导他学习相应的经验……这些都是真正有效的陪伴。

有效陪伴的重点不在于时间长短，而在于质量。所谓陪伴，应该是能创造共同的回忆。

可以没有太多玩具，没有什么零食，只要父母拿出时间，在他看动画片的时候、在他读书的时候，父母坐在旁边安静看自己的书；在他玩玩具的时候，陪他一起玩；在他高兴地举起画好的画时，及时给予赞美；在他难过、泄气的时候，给他安慰和指导……甚至，什么都不用做，你坐在他的旁边，用温柔鼓励的眼神真诚地看着他，对他而言已经足够。

- 陪伴孩子时请放下手机，远离电脑、电视，全心全意投入，分享孩子的悲伤喜悦。
- 陪伴不是束缚，尊重孩子的选择能让陪伴更有意义。
- 及时的鼓励与指导很重要。当孩子遇到困难时，不要抱怨孩子"没用"，也不要泛泛说着"我相信你最棒"之类的话，而要给出具体指导意见，帮孩子找到解决办法。
- 一分钟高效陪伴，胜过一整天无意义相随。真诚的亲子交流，能让孩子铭记一生。

第二章
别用忙碌当借口——陪伴是最好的礼物

三、隔离才能独立吗

我们常常强调，孩子应该尽早独立、自立，因此有些父母担心，陪伴孩子太多，孩子难以独立。于是在孩子婴儿时期就强迫孩子独睡，以为这样可以养成独立的个性。还有很多育儿书上强调，孩子不能一哭就抱，否则会养成他爱哭闹的习惯。

其实，这些都是错误的观点。

孩子为什么哭闹，其中原因很多，也许是饿了渴了困了尿不湿脏了，也可能是身体哪个部位不舒服，更有可能是找不到父母而感到害怕。如果父母不能及时抱起并予以安抚，孩子就会越来越难受、害怕，会有被父母遗忘的错觉。而在儿童早期心理中，被父母遗忘，就等于被全世界抛弃，很容易产生最初的心理阴影。

培养孩子独立个性的最好方式，不是早早把他隔离开来，对他不管不问，强迫他独立；而恰恰是使孩子在婴儿期和学步期获得足够的拥抱、爱，让他知道父母一直在他身边无条件爱着他，让他感受到充足的安全感。

在婴儿时期，有些孩子独自睡在围栏小床里也会觉得很满足，也有些孩子会觉得跟父母同睡才有安全感。父母应该认真观察孩子的需求，如果孩子独自睡在小床时，总是难以入眠，睡得不安稳，不妨考虑与孩子同睡，并在他入睡的过程中用温暖的手掌轻轻抚摸他，这会让孩子很容易进入梦乡。

幼教专家西尔斯博士指出，陪婴儿一起睡有助于增进亲子关系，对培养孩子的信心及教养也有大量好处。因为孩子会在被父母搂抱入眠的过程中，得到这样的暗示：你是个特别的人，爸爸妈妈都非常爱你，夜

父母强大了，孩子才优秀：
改 变 孩 子 先 改 变 自 己

晚和白天一样关心你。

相信很多年轻的父母都会遇到这样的情况——

父母出门上班前，孩子哭闹不止。然后负责带孩子的人（通常是奶奶、外婆或者保姆）伸手指着某处假装惊讶："看，那边有个好玩的东西。"

趁着孩子转头寻找的时候，父母偷偷溜走。

等孩子回过神来发现父母已经离开，哭闹升级、变本加厉。久而久之，孩子变得更加黏人，且在下一次父母出门上班时加倍哭闹喊叫。

孩子会出现这种情况，与家长错误的应对方式大有关系。

家长首先要知道，1岁左右，随着心理认知与情感的发展，孩子出现分离焦虑，这是最正常不过的情况。

学步期的孩子会逐渐意识到自己与父母是不同的个体，父母不会一直在自己身边。同时，这一时期的孩子并不能分清"看不到"与"不存在"的区别。在他们的头脑里，凡是看不见的，都等于"没有了"。一旦父母离开家去上班，孩子看不到父母，就会觉得父母不存在了，不会再出现了。这会引发他们被抛弃的深层恐惧感，并以大声哭闹喊叫的方式表达出来。而用"那边有好玩东西"的方式转移孩子注意力，只会让孩子在回过神后觉得被欺骗，从而加深他们的恐惧。

那么，我们可以怎么做呢？

首先，我们要不断用明白的话语告诉孩子，父母需要工作，但在结束工作后，会回到孩子身边。多次重复这句话，以加深"父母会回来"在孩子脑中的印象。

然后，在每次出门上班时，主动亲吻孩子，并告诉孩子爸爸妈妈现在要出门了，而不要瞒着孩子偷偷出门。这时候，孩子会哭泣不舍是很

第二章
别用忙碌当借口——陪伴是最好的礼物

正常的。但父母千万不要跟着落泪，也不要表现出难过的神情，否则孩子会认定离开父母很危险。即使孩子难过地贴着你的脸，即使你内心很伤心，你也要表现出愉快的神情，让孩子觉得父母出门并不是一件可怕、悲伤的事情。

再次，我们要知道，孩子是不了解抽象的时间概念的。所以比起泛泛地说"爸爸妈妈很快回来"，更好的方式是具体告诉他"你吃完中饭、午睡醒来爸妈就会回来"或者"等你吃完下午点心、看完一集动画片的时候爸妈就会回来"。

还有，我们可以事先准备好有趣的玩具，让孩子在离开父母的时间里愉快玩耍，反复加深他"父母不在家时我也很开心"的印象。

慢慢地你会发现，你要出门时，孩子不仅不会哭闹不止，还会跟你说再见，然后自己开心地玩耍，有时候甚至会主动要求帮你关门。

嘟嘟上幼儿园之前，我和她爸爸反复跟她解释小孩子为什么要上幼儿园，并且告诉她，上幼儿园就是去和很多小朋友一起玩儿，那里有比家里多很多倍的玩具，还有像妈妈一样陪伴他们的老师。

尽管跟她解释清楚了，我们还是很担心第一次离开家，她会哭得很厉害。

第一天上学的早上，我和她爸爸一起把她送进教室。当时有很多孩子正拉着父母的手号啕大哭。

嘟嘟看着周围一片哭泣的孩子，脸上的笑容慢慢消失了，有些忐忑不安地拉拉我："妈妈，你下班就会来接我吗？"

我蹲下去看着她的眼睛，告诉她："是的，爸爸妈妈保证，下班就来接你。"

嘟嘟点点头："嗯，那就跟平时一样嘛。"

父母强大了，孩子才优秀：
改变孩子先改变自己

那天放学，我和她爸爸到了教室门口，透过玻璃窗，只见她正在和一个小女孩玩玩具，一脸笑眯眯。

接到她之后，她主动对我说："你们走了以后，我还是有点害怕，就哭了一点点。但是我只哭了一点点哦，因为后来我就去玩玩具了。这里玩具可多了，而且有好多小朋友，不像家里，奶奶都不会玩玩具。"

她的语气十分骄傲。我很惊讶，抱起她，问她为什么这么快就不害怕了。

她看着我的眼睛，很认真地说："我知道你们下班就会来接我呀。有个小朋友一直在哭，说他妈妈不要他了。我跟他说，才不是呢，爸爸妈妈只是去上班了，你别哭了。"

我很惊讶3岁的孩子居然懂得安慰别的小朋友，就继续追问她："那后来呢，那个小朋友就不哭了吗？"

嘟嘟摇摇头："没有，他还是哭。我就去找别的小朋友玩了。"

几天后，嘟嘟很快适应了幼儿园生活，老师向我们表扬她情绪稳定得特别快，我知道，这是因为她心里觉得上幼儿园和在家没什么区别，爸爸妈妈下班就会来接她，绝不会丢下她。

一旦孩子在父母离开时也能愉快玩耍，就说明孩子已经建立了安全感，他知道父母一定会回来陪伴自己，这份安全感不会因为家长离开而消失。

当孩子有了牢固的安全感，即使家长暂时离开他去做自己的事，他也不会太难过不舍。那么，家长也就有了独处的时间、空间，从而有利于家长的身心健康。

事实上，安全感的培养十分重要。

第二章
别用忙碌当借口——陪伴是最好的礼物

有些家长抱怨孩子总是做一些出格的事情，家长常常被老师叫去学校。认真分析起来，十之八九是家长过于疏忽孩子，孩子从小缺乏安全感，才会故意做出出格的事情来引起父母、老师注意。

所以，如果能在孩子幼年时就为他建立起牢固的安全感，知道父母永远爱他，无论在不在他身边，都会陪伴他，他就能比较愉快地度过今后的生活。

- 孩子是否有教养的一个重要指标，就是孩子的感觉没有偏差。孩子的感觉没有偏差，他的行为也就不容易出错。
- 孩子在心理发展过程中，会有一段特别黏人的特殊时期，这是儿童建立与父母亲密感的关键时期。如果可以，这段时间尽量减少与孩子分开。如果一定要分开，请事先与孩子说清楚情况，并约定回家时间。
- 切勿以为离开孩子就能让他学习独立。这只会徒然增加孩子的分离恐惧，加深他的不安全感，使他更依赖父母。
- 只有安全感得到满足，孩子才能尽早独立。

父母强大了，孩子才优秀：
改变孩子先改变自己

第三章
蹲下来跟孩子说话——关于平等与尊重

一、蹲下来，站在孩子的角度看问题

在本章的开始，我想先讲两个西方经典育儿小故事。

故事一：

在一个圣诞节的晚上，一位年轻的妈妈带着5岁的女儿去参加圣诞晚会。热闹的场面、丰盛的美食，还有圣诞老人的礼物，这一切都如此让人兴奋……妈妈高兴地和朋友们打着招呼，不断领女儿到晚会的各个地方，以为女儿也会很开心，可女儿却哭了起来。起初，妈妈很有耐心地哄着，但多次之后，女儿坐到地上，鞋子也甩掉了。

妈妈气愤地一把把女儿从地上拖起来，训斥之后，蹲下来给孩子穿鞋子。在她蹲下来的那一刹那，她惊呆了：她的眼前晃动着的全是大人的屁股和大腿，而不是自己刚才所看到的笑脸、美食和鲜花。

当她蹲下来的高度正是女儿的身高时，她明白了女儿为什么不高兴。

第三章
蹲下来跟孩子说话——关于平等与尊重

故事二：

一对夫妇打算周末单独外出，在此之前，他们需要说服年幼的孩子在阿姨的陪伴下，安心在家等候。

父亲蹲下身来，取得和孩子同样的高度，一本正经地同孩子谈判："先生（他称自己的孩子为先生），妈妈陪伴了你整整一周，是不是应该轻松一下？"

"是的。"孩子点点头。

父亲："我是否也应该有这种荣幸，让她陪陪我，顺便让我也轻松一下呢？"

孩子想了想："那好吧。你什么时候把妈妈还给我？"

"嗯……你上床以前，"父亲想了想说，"如果你能说服阿姨允许你晚睡的话。"

孩子郑重地说："好，你把她带走吧。但你要答应我照顾好她。"

父亲握住孩子的手："交给我好了。顺便说一句，宝贝儿，我为你骄傲。谢谢！"

这两个小故事让人印象深刻，也希望能给各位父母一点启发。

美国精神病学家威廉·哥德法勃曾经说过："教育孩子最重要的，是要把孩子当成与自己人格平等的人，给他们以无限的关爱。"

大教育家夸美纽斯说："应当像尊重上帝一样尊重孩子。"

孩子是一个独立的个体，他们有自己的思想、人格、尊严，也希望父母能够给予他们尊重和平等。父母只有和子女站在同一水平线上，孩子才有可能感受到平等。比如上面的故事二，当父亲蹲下来与孩子说话时，孩子的人格得到尊重，自尊心得到保护，他感觉到自己已经是个大人了，因此控制住自己的情绪，不让父亲失望。

父母强大了，孩子才优秀：
改变孩子先改变自己

　　蹲下来，不只是在生理高度上尽量和孩子保持相同，更重要的是在心理上"蹲下来"，以平等的态度、尊重的语气与孩子说话，把孩子看成一个独立的个体，而非父母的附属品。

　　只有父母在心理上与孩子完全处于平等时，孩子才会把他的真实想法告诉你。孩子在相同的高度中，从父母视线中看到浓浓的爱与尊重，就会更认真地听父母讲话，也更愿意倾诉自己的内心想法。此外，孩子在以后的生活中，在和他人的相处中，也会牢记这种平等意识。

　　蹲下来与孩子说话，除了能够培养孩子的平等意识，还有利于培养孩子的独立精神。

　　有些父母在所有的事情上"大包大揽"，总想要代替孩子做出所有决定，认为这样可以让孩子少走弯路。一旦孩子表现出独立意识，便指责孩子任性、执拗、不听话。这样的结果往往是引起孩子的抵触，让孩子与父母发生冲突，伤害父母与孩子间的感情；同时也压制了孩子的独立性，使孩子变成依赖性很强的低能儿。

　　有些弯路是不能不走的，走弯路的过程就是一个孩子发现问题、改正错误的过程。父母蹲下来与孩子说话，让孩子自己做决定，跟孩子商量如何面对困难、解决问题，能帮助孩子增强自信，尽早独立。

　　蹲下来和孩子说话，我们不妨少一点命令，多一些建议；少一点指责，多一些鼓励。

　　有些父母与孩子说话的时候，常常使用命令的语气，像"你为什么不……""你赶快给我……"等等，难免让孩子产生逆反心理。我们可以尝试给出一些委婉的建议，像"如果可以……不妨"、"试一试"、"或者"，等等。

第三章
蹲下来跟孩子说话——关于平等与尊重

也有些父母性格比较急躁，一旦孩子动作、反应较慢，就会说"你怎么这么笨"、"你看看某某多厉害，你怎么这么差劲"，这些都容易伤害孩子的自尊心和自信心，让孩子感受不到家庭的温暖。

蹲下来说话，还需要充分了解孩子，懂得孩子的心理。

充分了解孩子包括两个方面，一是充分了解自己的孩子，二是充分了解儿童成长中的普遍心理规律。

充分了解自己的孩子，指父母应了解和熟悉自家孩子的性格特点、所思所想、切身感受，在教育中做到有的放矢、因材施教。

充分了解儿童成长中的普遍心理规律指父母应掌握一点儿童心理学知识，不要把孩子的正常、合理行为当成异常行为。

比如，家长带孩子出门遇见熟人，总喜欢对孩子说"叫爷爷/奶奶/叔叔/阿姨好"。一旦孩子对"叫人"一事表现出抗拒，有些家长就会当着他人的面批评孩子"怎么这么没礼貌，快叫人啊"，甚至还要向他人抱怨说"这小孩就是这样，胆子又小又不听话"等等。回家之后还要给孩子说一通礼貌重要性的大道理。这就是不懂得儿童心理规律。

两三岁的孩子还没有人际交往的概念，当家长强行要求他"叫人"时，他的想法是："对方和我有什么关系呢？妈妈为什么要强迫我和这个陌生人打招呼呢？"他很难理解父母的"道理"。父母的"讲道理"和"催促打招呼"只会招致孩子的逆反。如果一个孩子经常被父母置于这样不开心的境地，你要让他外向活泼是很难的。经常有家长反映说，我的孩子在家是小霸王，到了外面就是小兔子。遇到这样的情况，父母就应该想想，你带孩子走亲访友时，有无让孩子感受到平等与尊重。要知道，只有孩子受到足够的尊重，他的表现才会内外如一。

父母强大了，孩子才优秀：
改 变 孩 子 先 改 变 自 己

如果真希望孩子每次见人都能主动打招呼，父母不妨这样做：遇见熟人时，你主动微笑着向对方问好，并为孩子介绍对方是谁，但不要求孩子"叫人"。当孩子多次见到问好之后双方都会愉快微笑，他就会把打招呼当作一个好玩的游戏，主动去做。

- 父母需要他人平等、尊重地对待，孩子也需要。
- 父母蹲下来和孩子说话，不但能拉近与孩子的物理距离，更能拉近与孩子的心理距离。它体现了父母对孩子民主、平等的态度和对孩子的尊重，从而使孩子更愿意听从父母的教诲，接受父母的忠告。
- 真正的平等、尊重是了解孩子内心想法，从孩子的需求出发，而非把自己的意志强加在孩子身上。
- 尊重孩子，就要给孩子更多的主动选择权。父母的责任不是阻止孩子选择，而是引导他正确选择，以及在他做出错误行为后帮助他及时总结经验教训、弥补过失。

二、孩子为什么不听话

我总听到有父母抱怨"孩子特别不听话，带起来真累"、"这么不乖的孩子，真不知道像谁"；父母之间见面交流，则往往脱口而出"你家孩子最近听不听话？"或者"你家孩子好听话啊，真羡慕，我家的为什么不听话？"……

在他们眼中，"听话"等于"乖"，等于"好孩子"。

那么，孩子为什么不听话呢？听话真的是好事吗？

一次，我带嘟嘟去儿童公园玩，游乐区的小超市边，一个三四岁的

第三章
蹲下来跟孩子说话——关于平等与尊重

小男孩吵着要买冰淇淋。他妈妈说现在天太冷了，不能吃冰的。孩子不肯，各种哭闹不休，抱着妈妈的腿坐在地上。无论家长怎么说，孩子根本不听，只是一味硬着脖颈、扯着嗓子喊"我要冰淇淋"。

这孩子看起来确实是妈妈们最头疼的"不听话"孩子，他似乎完全不讲道理、不听劝告，只会任性耍泼。

僵持了好几分钟后，妈妈拗不过孩子，一边嘴里不断数落他"不听话"，一边掏钱给他买了一个冰淇淋。

这里，家长就做了一个错误的范例。

父母一定要记得，不能答应孩子的事情，即使孩子再哭闹也不能答应。否则会给孩子留下"只要哭闹，要求就会被满足"的印象，长此以往，孩子就会越来越任性，一旦遇到家长不同意的情况，则以耍泼、缠磨、哭闹等方式来达成心愿，越来越"不听话"。

嘟嘟在沙池里玩了一会儿沙子，刚刚那个小男孩吃完冰淇淋也跑了过来。

他刚刚蹲下准备玩，他妈妈就一把拎起他："不许玩，今天这身衣服是新的，不许弄脏。"

孩子不肯，大叫着说妈妈之前答应过他可以玩沙子的。

妈妈坚决不允许，反复强调他穿的是新衣服，新衣服不允许弄脏。

旁边有其他家长劝这位妈妈，我也上前跟这位妈妈说，答应孩子的事情应该做到，带孩子玩就别怕他弄脏衣服，总是要求孩子"衣服干净"，只会破坏孩子充满乐趣的尝试。

与买冰淇淋的时候不同，这次妈妈态度很强硬，没有任何商量余地，无论众人怎么劝，都不许孩子玩沙子。

孩子照例开始哭闹，妈妈忽然发火，狠狠打了几下孩子，边打边数

父母强大了，孩子才优秀：
改 变 孩 子 先 改 变 自 己

落："刚才叫你不要吃冰淇淋，你非要吃；现在叫你不要玩沙子，你又非要玩。你怎么这么不听话！"

孩子的不合理要求家长能满足，合理要求反而不满足，答应孩子的事情不做到，还不愿意听别人劝说，有这么"不听话"的家长，怎么能要求孩子听话呢。

每个人都有自己的思想，小孩子也有自己的分辨力。当父母对孩子发出指令时，如果孩子认为大人的指令不正确，便有可能不执行。所以，当父母毫不考虑孩子的要求就简单随便甚至是粗暴地命令他做他不喜欢的事情时，孩子就会不听话，即使表面屈服也不会心甘情愿。

父母是孩子第一个榜样，也是最重要的榜样。作为父母，我们首先应该从孩子的立场出发，设身处地地思考：孩子为什么不听家长的话？自己有没有给孩子"可以不听话"的暗示？自己的话是否一定正确？如果孩子不听话是因为大人的话本身就没有道理，大人就不该迫使孩子听话。一味用高压手段要求"听话"，只会造成家庭气氛紧张，并不能对孩子有任何帮助。

教育中很多看似平常的小事，背后其实隐藏着大问题。多年来，父母们习惯了要求孩子"听话"，仿佛是为孩子好，但深入思考，其实体现着的是父母与孩子之间的不平等。

孩子"不听话"是个常见事情，因为孩子不听话而大加指责、呵斥甚至惩罚的父母也不在少数。父母对孩子的"不听话"情绪反应巨大的原因，深层次看，是因为潜意识里感到家长的权威和尊严受到了严重挑战。这种根深蒂固的"家长权威"意识，很多时候父母自己都没有察觉，却下意识里不断流露出来，让孩子感受到了不平等、不被尊重。

第三章
蹲下来跟孩子说话——关于平等与尊重

哲学家弗洛姆对权威主义伦理学深恶痛绝,指责他们的主张是"服从是最大的善,不服从是最大的恶,不可宽恕的罪行就是反抗"。这种"家长权威思想",恰恰掐灭了孩子作为一个平等、独立的人的尊严。

除了要思考为什么孩子不听话,家长们还应该思考:听话真的是好事吗?

要想孩子优秀,就一定要避开一个误区:听话的孩子才是好孩子,听话的孩子才能成功。

卢梭说:"当儿童活动的时候,不要教他怎样地服从人。要让他在他的行动和你的行动中,都同样感到有他的自由。"

为什么这样说呢?

从智力发育上说,大脑越不用,就越生锈。当一个孩子长期听从家长指令,什么脑子都不用动的时候,他就会慢慢丧失独立思考、判断的能力,这对孩子的成长贻害匪浅。

德国心理学家安格利卡·法斯博士认为:"隔代人之间的争辩,对于下一代来说,是走上成人之路的重要一步。"挑战父母,能够大大刺激孩子思辨能力的发展。在判断父母的决定是否正确的过程中,孩子的智力得到发展,思维力得到了极大锻炼。

从性格养成上看,过分听父母的话,容易使孩子变得越来越有依赖性,无法独立成长。一味强调听话,一旦不听话就呵斥,也只会让孩子走向格外叛逆或者格外懦弱自闭的两个极端。

当然,并不是所有情况下孩子都可以不听话。孩子必须"听话"的时候也有。

一类是生活基本技能问题,比如早晚刷牙、多喝水、自己玩具自己收等。这些是必须养成的日常习惯，父母一定要引导孩子养成自觉行为，决不允许讨价还价。当然，在引导孩子养成行为习惯的过程中，父母不妨往里面添加一点乐趣，让孩子自觉愉快地做到。

第二类是道德底线问题。对于孩子的粗鲁无礼、颐指气使、欺辱同伴等行为，父母绝对不能听之任之，否则是对孩子的纵容。纵容是溺爱，这与尊重孩子是两回事。

第三类是危急情况下，一定要孩子学会服从命令、绝对信任。幼儿园里常常会有消防演习教育，教会孩子在危急情况下，必须绝对服从命令，有序展开逃生行动。这是最大程度帮助孩子避免危险的方法。

- 听话并不是一个孩子必须具备的品质，独立思考才是。
- 无论父母多爱孩子，如果总是以"听话"作为衡量孩子的标准，他在潜意识里就从来没把孩子当作独立平等的人。
- 如果父母总是要求孩子"听话"，孩子也会无形中用同样的方式对待他人，强制要求别人按照自己的意愿行事。久而久之，容易人格偏执。
- 如果孩子总是表现出"不听话"，父母就应该反思自我教育过程中是否出现了偏差。

三、家庭会议很重要

你一般什么时候和孩子聊天？

是在匆匆忙忙接送孩子上学的路上，还是晚上吃饭的餐桌上，又或是孩子睡前应该心情平静的时候？

我的建议是，如果每一次和孩子聊天时都显得匆忙急促，或是无法

第三章
蹲下来跟孩子说话——关于平等与尊重

平心静气说话,不妨尝试一下每周定时召开家庭会议。

布鲁斯·费勒(美国著名作家、TED"年度好爸爸")在《快乐家庭的秘密》一书中大力提倡"家庭会议"的重要性,认为家庭会议至少有以下这些好处:

减少家庭中的紧张与压力,增进彼此的交流与沟通,让家庭的运作更顺畅;

针对自己的问题,孩子往往能提出充满新意的"独创版"解决方案;

日常决定往往变得更理性、更平和。("我知道你对此很生气。让我们留待这个星期的家庭会议上再讨论吧。")

家庭会议作为家庭的重要活动,可以让父母和孩子评估自己以及家庭整体做得怎么样,并讨论决定一些使事情变得更好的办法。通过分享感受、总结得失、提出意见,家庭成员间能建立一种更紧密的集体意识。

除此之外,家庭会议还有很多好处。当你正式邀请孩子与你们一起"开会",并请他提出意见时,他会觉得得到了尊重和平等,其价值对于孩子的一生来说都是无可估量的。

从形式上看,家庭会议可以这样做:

1. 定期召开。最好一周一次,选定每星期中的某一天、某一时刻,并从此固定下来。不要因为忙或者其他事情而改变或取消。一旦形成惯例,每个人都会盼望这种全家人聚在一起的机会。

2. 3岁以上的孩子都应该参加家庭会议。孩子会根据父母的行为来

父母强大了，孩子才优秀：
改 变 孩 子 先 改 变 自 己

判断家庭会议的重要性，所以父母在会议时态度要认真，不要一心多用，玩手机、看电视等。

3. 坐在一张干净的桌子前进行会议。舒适、干净的环境更有利于心情舒畅，且有助于专心思考问题。

4. 每个人都要发言，提出自己的想法或建议。在别人发表意见时专心聆听，不评论、不指责、不打断。

5. 家庭会议可以以一个全家共同参与的娱乐活动来结束。比如玩一个游戏、分享水果、一起唱歌等。最好不要看电视，除非电视内容是正面积极且有值得讨论的地方。各自盯着电视屏幕，很容易零交流。

从内容上看，家庭会议应该着力于制定规则和沟通反馈这两点上。

每个家庭都希望能够在家庭任务的分派、家庭规则的制定等问题上达成一致意见。家庭会议就是一个很好的制定规则的时间。

比如，我们可以通过家庭会议制定家务分配规则，明确自己在家庭中的职责，这有助于孩子更有责任心。通过让孩子做家务，也可以提高孩子的动手能力。

在家庭会议的时候，我们可以先把维持家庭正常运转必须要做的所有事情列出清单。然后，把只有父母才能胜任的事情一一划掉。（这可以给孩子留下深刻印象，孩子也许从来没有意识到父母做了那么多事情。）接着，大家一起针对剩下的任务进行讨论，并就每件事情由谁负责达成一致。后续家庭会议上，每个人要报告各自的工作进展，讨论遇到的问题和解决办法，并交换看法。

当孩子进入小学之后，我们可以在家庭会议时制定作业规则、预习规则，等等，帮助孩子养成良好的学习习惯。

第三章
蹲下来跟孩子说话——关于平等与尊重

在沟通反馈的内容方面，我们可以从下面几个问题入手：

1. 这个星期，我们家哪些事情做得很好？

建议将这个环节作为家庭会议的开端，大家轮流表扬所有家庭成员，包括自己。只给予表扬，不提出批评，表扬的事件越具体越好，比如"爸爸在处理××事情的时候做得很好"、"宝宝这个星期能够自己下楼倒垃圾非常棒"等。

这一环节有助于孩子学习发现身边的美好并学会感恩，还能增强孩子的自信心。

2. 这个星期，我们家哪些事情不顺当？

这一环节须以整个家庭为核心，本着"正面改善"的原则客观总结得失，千万不要变成针对某个人的批判会。在此一定要注意用词的平和与理性，否则家庭会议的效果只会适得其反。如果没有不顺当的事情，这一环节可以省略。

3. 接下来一星期，我可以怎样改善？

这一环节着重自我反思，提出让自己变得更好的方式。这里最好只针对一两个问题改进，不要铺得太开，否则反而难以下手。

4. 接下来一星期，我希望其他家庭成员如何做？

若孩子有某方面不足，家长应该就事论事，并帮忙提出改正方法，而不要一味批评。若孩子指出了父母的不足，父母切莫露出不高兴的表情，而应该认真检讨并道歉。在征求该家庭成员同意的基础上，把这些要求（要求最好少一点）写在纸上，贴在冰箱或其他显眼的地方，以时时提醒。

5. 有哪些好的主意可以在我们家试行？

开动脑筋为家庭发展献计。把所有的想法与建议都收集起来，然后大家一起评估，并选出其中一两条试行，过几个星期后进行回顾、

父母强大了，孩子才优秀：
改变孩子先改变自己

总结。

　　总而言之，家庭会议应该在坦诚和相互支持的氛围召开，大家一起分享喜忧、感受和问题。通过家庭会议，家庭成员不断叩问自己："作为一个家庭，我们做得怎么样？作为个人，我们做得怎么样？我们还能怎么做，才能让自己和家庭变得更好？"

　　这样的会议能使孩子愿意说出他们的恐惧、担忧和疑问，尤其是说出那些不好意思或不愿意与父母讨论的话题。在这种氛围中，父母也会更愿意说出他们自己的感受和家里的问题，并不断思考自己可以为其他家庭成员做些什么。

- 比起家长独自在那里反复命令，整个家庭一起参与的力量更大，效果也更好。
- 每个人都要有机会谈自己的看法并得到反馈，请求帮助或提供帮助。
- 会议的决定要在全体一致同意的基础上做出。如果全家无法就议程上的某项内容达成一致，就放到下次会上再讨论。宁可多想一星期，也不要匆忙下结论。
- 尽量不要在家庭会议上实行"少数服从多数"原则，这只会造成家庭"分裂"。应该在家里传达一种信任的态度——我们能共同找出解决问题的办法。
- 父母不要把家庭会议变成孩子批判大会，而应该本着实事求是的原则，提出问题，并解决问题。

第四章
做"会说话"的家长——与孩子沟通的原则与技巧

上一章我们说到当父母要求孩子听话时,首先应该考虑自己的意见是否正确、是否尊重了孩子的人格,只有正确的意见才应该要求孩子听从。然而有些时候,我们会遇到这样的情况——家长的意见完全正确,孩子依然不愿意听从。

当你和孩子其乐融融时,你一定是和颜悦色给出建议。可当孩子不听话时,你的嗓门难免越来越大,忍不住厉声呵斥,结果孩子哭着耍起了脾气,你也满腹怨气,既没有取得孩子的合作,也失去了教育他的最佳机会。

随着孩子逐渐长大,这种父母与子女间的冲突难免越来越多。所以,我们需要准确把握孩子心理,运用一些沟通技巧,让孩子乐于听进父母正确的建议。

一、先理清情绪,再处理问题

父母们很容易犯的一个错误就是太急着处理事情,而忽略情绪的安

父母强大了，孩子才优秀：
改 变 孩 子 先 改 变 自 己

抚。心理学上认为，当一个人处在情绪激动的时候，他的认知能力是被降低了的。大人如此，孩子亦如此。在孩子情绪激动的时候跟他讲道理，孩子是听不见的，而父母往往会陷入愤怒，认为"我跟你说了这么多，你怎么就不肯听呢"。结果小孩哭闹，大人生气，家庭氛围陷入低迷。

在孩子不肯听从父母建议或者哭闹不休的时候，我们最好不要急着责骂，这只会加重孩子的不满，导致矛盾升级。如果我们能先理清情绪，再处理问题，效果会好很多。

这里的理清情绪包括两个方面，一是理清家长情绪，二是理清孩子情绪。

有些父母"火气"很大，但凡孩子不听话或者反应慢一些，立马火冒三丈，大声责骂孩子，恨不能冲过去揪起孩子揍两巴掌。孩子对父母情绪的感知是很敏锐的，一旦他觉得父母又在对他发脾气，他原本愉悦的心情就会变得很糟糕，对父母的命令也下意识抵触起来。

所以，在教育孩子的时候，父母首先要理清自己的情绪，通过反复深呼吸，让自己平静下来，平心静气与孩子说话，孩子才会愿意接受。

孩子在 3 岁以前，受思维能力的限制，他实际上能听懂的指令只有八九成。越小的孩子注意力持续时间越短，也越容易转移，如果家长在离孩子较远的地方下指令，即使孩子听见了，他也不会在意，并且很容易遗忘。尤其是当他正在专心玩玩具的时候，就算他嘴上答应家长，也不代表他真正记到心里。这是儿童心理的正常状态，并非我们通常以为的"故意不听话"。

随着孩子的年龄增长，他的注意力保持时间会慢慢延长，听觉关注范围也会慢慢扩展，但是比起那些面对面告诉他的指令，在较远地方下

第四章
做"会说话"的家长——与孩子沟通的原则与技巧

达的指令,仍然会比较容易被忽视。

最有效的办法是父母走到孩子跟前,蹲下来,正视孩子的眼睛,叫他的名字,确定他的注意力已经完全转移到父母身上,然后再对他说出你希望他做的事情。这样他才会真正明白你的指令是什么。

在提出建议、指令时,家长的语速要稍慢一些,给孩子反应、思考的时间;同时语气要有信心和耐心,让孩子觉得你相信他一定能做到。切莫隐含怒气与威胁,更不要恐吓孩子说"如果你不听话,我就把你……"之类的话,不然会导致孩子对父母的建议与指令产生负面联想。孩子很多时候并不懂父母的"这个建议是为你好"的良苦用心,他只会根据语气判断,觉得你让他做的事情是不好的事情,从而产生抵触心理。

理清孩子的情绪,首先要接纳孩子的不良情绪,然后再弄清孩子反常情绪的根源,从而帮助孩子解决问题。

即使孩子表现得情绪格外激动、大发脾气,我们也要知道,这是一件正常的事情。每个人都会愤怒,孩子越小,就越难以控制自己的情绪,很容易发怒。

当孩子处在情绪激动中,父母可以先表示接纳他的情绪:"你很愤怒、沮丧、灰心……是吗?这很正常。"接着给他足够的时间表达情绪。在孩子表达情绪的时候,你只要抱着他或者握着他的手、拍着他的背即可。当你默默认可孩子的情绪时,孩子也会比较容易控制住自己,在情绪发泄完毕后迅速平静下来。

无论怎样,先让孩子把情绪宣泄出来,比让他憋在心里要好。如果他在哭泣,不必对他说"别哭了",只管让他把情绪化作眼泪流出来。当然,如果孩子在发脾气的过程中伴有攻击他人或者毁坏物品的行为,

父母强大了，孩子才优秀：
改 变 孩 子 先 改 变 自 己

则必须予以坚决制止。

如果我们能表示出认真倾听的模样，大多数孩子在情绪发泄完毕后都会主动告诉父母，他刚才异常情绪的原因是什么。这时候他对父母的意见和指令的接受度会比较高，父母可以趁机给出建议，帮助他处理难题。

如果孩子把发脾气当成要挟父母的手段，父母不满足他的无理要求就发脾气，则不妨采用冷处理的方式。无须大声咆哮，你只需要看着他的眼睛，平静地告诉他："你现在的情绪很不冷静，妈妈决定让你一个人坐在这里，等你冷静下来我们再谈。"然后父母走开去做其他的事情，无论孩子怎样叫喊、哭闹甚至满地打滚都不予理睬，直到他平静下来再与他交谈。重复多次后，孩子就会愿意用冷静而非乱发脾气的方式与家长沟通了。当然，让他一个人坐在那里冷静时，千万别给孩子"关小黑屋"，那是恐吓，不是让他平静。

- 父母在给孩子指导、建议、命令时，首先要理清自己的情绪，使自己保持态度冷静、语气温和，这远比发火更有利于孩子接受。
- 在给孩子指导、建议时，请先走到孩子面前，确保孩子的注意力在你身上，然后再开口。
- 情绪虽有喜怒，感受没有对错。无论孩子的情绪是什么，首要重点是接纳它，而不是否定它。
- 即使孩子乱发脾气，父母也要尽量客观地表达自己的情绪，简短告知孩子他继续这么做的后果。

二、"好指令"与"坏指令"

同样是对孩子提要求,不同的语言方式收到的效果可能截然相反。我们把那些容易被孩子接受、尊重孩子人格的指令称为"好指令",那些让孩子无所适从甚至伤害孩子的指令称为"坏指令"。

"坏指令"之一是把对孩子的教育变成自我情绪的宣泄。与孩子沟通的时候,不是本着解决问题的原则来说话,而是着眼于自我情绪的发泄,比如"你能闭嘴吗?我真是烦死你了"、"你能快点吃饭吗?我真是要崩溃了"等。明明可以说"孩子,请你说话声音小一点"、"请你认真吃饭不要玩",但是因为加上了后面半句,给孩子的感觉就是我的错误不是事情本身做错,而是惹怒了父母;父母因为情绪不佳,迁怒于我。这样不但不能达到教育目的,反而容易引发孩子反感。

"坏指令"之二是为孩子"贴标签",一批评孩子就否定他这个人。比如"你不应该打别人,你真是个坏孩子"、"你刚才应该跟老师打招呼,你真是没有礼貌的孩子"等。这会让孩子觉得自己很糟糕,从而导致沮丧。

即使批评孩子,我们也应该尊重孩子。批评与尊重并不是对立的。我们批评的是孩子做的"事",尊重的是孩子这个"人"。如果能够在提出建议、要求时对"事"不对"人",则孩子很容易接受。

"坏指令"之三是指令笼统不清晰,导致孩子不知道具体该做什么,比如"我希望你乖一点"、"你不要太过分"。孩子常常并不清楚怎样才是"乖"或者"过分",他眼中的"乖"、"过分"也许与父母认为的相差甚远。

"坏指令"之四是同时给出多个指令,比如"你现在把玩具收好,

> 父母强大了，孩子才优秀：
> 改变孩子先改变自己

洗手，吃饭，吃完饭就去写作业"。一下子下达多个指令，孩子不容易记住，做的时候难免遗漏其中一些；还会感觉一下子事情很多，力不从心。

而正确有效的"好指令"，通常具有以下一些特征：

1. 简单、具体，可操作性强

比如当你希望孩子整理房间的时候，不要说"请你把房间整理好"这样笼统的命令，而是分解成若干具体指令，"请把被子叠起来"、"请把地上的玩具全都放进玩具箱"、"请把床头的书全部放进书柜里"……指令越明确，孩子越容易执行。

2. 用陈述语气，而非疑问语气

比如当孩子看完一集动画片，你希望他关掉电视的时候，你应该说"现在请关闭电视"，而不要说"你可不可以关闭电视？"否则孩子会以为你在征询他的意见，从而回答你"不，我还要再看一集"。

3. 从正面要求，而非反面要求

比如你希望孩子不要乱脱鞋，最好说"请穿好鞋子"、"请把脚放在鞋子里"，而不要说"不要脱鞋"。在孩子小的时候，这点尤其重要。两岁以前的孩子往往不能理解或者记住一个指令的全部内容，而只能记住部分词语。如果家长用否定式，他常常会忘记"不要"而只记得"脱鞋"，于是把鞋子脱去。当家长指责他不听话的时候，他会觉得很委屈，自己明明是按照家长要求在做。如果家长从正面要求，孩子就比较容易做对。

4. 时间具体化

父母总希望孩子动作快一点，在规定时间内完成任务，孩子却常常表现得慢吞吞。很多时候其实不是孩子拖拉，而是他没有时间概念。

第四章
做"会说话"的家长——与孩子沟通的原则与技巧

嘟嘟有一次主动表示要"10 分钟里收拾好玩具",结果她一直在玩,10 分钟结束也没有动手。我问她为什么不兑现承诺,她惊讶地问我:"10 分钟到了?这么快?"我忽然发现,其实孩子并不明白 10 分钟究竟有多长,即使她主动给出承诺。之后我买了一个 10 分钟的沙漏,每次给她做出时间规定时,都会用"一个沙漏时间"或者"两个沙漏时间"这样的表述。沙漏放在她身旁,她能很直观地看见剩余沙子的数量,从而掌控时间。

等孩子再大一些,家长也可以用设置手机闹铃的方式来跟他约定。比如说好再玩 5 分钟,则定下 5 分钟闹铃,一旦闹铃响起,必须立刻放下手中玩具。

- 话有很多种说出来的方式,能使孩子听懂、愿意接受的才是好方式。改变说的方式,才有机会改变听的效果。
- 谨记对事不对人,就事论事,不要给孩子贴标签,也不要把对孩子的教育变成自我情绪的宣泄。
- 语言要明确,指令要简单,可执行性越强越好。不要同时下达多个指令。
- 语气要坚决果断不含糊,使孩子感到没有讨价还价的余地;但不要太强硬,免得引发孩子的抵触心理。
- 时间等抽象概念尽量具体化,让孩子直观可感。

三、巧用"共情"

共情这一概念由人本主义创始人罗杰斯提出,也称为神入、同感心、同理心、投情等,指的是体验别人内心世界,站在别人的立场上设

父母强大了，孩子才优秀：
改变孩子先改变自己

身处地着想。

我把这个概念借用到育儿中来，主要指父母能设身处地地理解孩子，从而更准确地把握孩子的心理。与孩子沟通时，如果父母不具备共情的能力，孩子就容易感到失望、伤害，认为父母对自己不理解、不关心，从而不愿意在父母面前吐露心声。

要想做到与孩子共情，首先要学会关心别人。父母应经常反思自己，是否主观性很强，是否做到对孩子完全接纳，是否能设身处地站在孩子的立场考虑问题。也就是说，要懂得换位思考，能从孩子的角度为孩子的行为寻找合理性，并最大限度地理解孩子。

有一次，我和嘟嘟约定先玩10分钟积木，然后洗澡。嘟嘟同意后，我在手机上设定了闹钟。"滴滴滴"时间到了，嘟嘟明明听到了声音，却还在那里玩积木，一副难以割舍的样子。

我刚刚准备明确告诉她"时间到了，现在洗澡"，就看见她抬头，一脸渴求看着我。

我想了想，决定采用"共情"的方式。

我问她："这个积木真的很好玩，对吗？"

嘟嘟点头："是的。"

我："可是刚才约定的时间到了。你听，闹钟已经响了！"

她不说话，继续玩。

我蹲下来看着她："我知道你非常喜欢玩积木，我小时候也很喜欢玩。可是，你刚才自己说10分钟后洗澡的。如果说过的话不做到，以后就没人相信我们说的话了。你想想，如果爸爸妈妈答应你买积木，却没有做到，你觉得爸爸妈妈做得对吗？"

嘟嘟停了下来，沉默不语，开始思考。过了一会儿，她说："那我

第四章
做"会说话"的家长——与孩子沟通的原则与技巧

先去洗澡,洗完澡看动画片的时候,边看边玩积木,可以吗?"

我微笑:"嗯,这是一个好办法,既遵守了约定,又玩到了积木。"

嘟嘟开心地放开手中的积木,去洗澡了。

想要与孩子共情,我们不妨先尝试用这些句式来跟孩子说话:

我很理解你现在的感受……我知道你很委屈……我知道你很伤心……我知道你特别渴望……我知道遇到这样的事情你很难受……我明白你已经付出了很大的努力……

这些话语都在传达给孩子一个信息:我理解你,我懂得你的情感,我看得到你的内心世界,我永远和你站在一起。孩子会感到温暖、安全,从而愿意向你倾诉。

除了说出来的话语,我们还可以使用肢体语言。

人际互动中,有大量信息是以非言语形式传递的。共情的时候,我们可以使用目光、面部表情、身体姿态、动作变化等向孩子传递鼓励、安慰,也可以适当使用拥抱、抚摸、亲吻等手段。这些非言语行为,有时候比言语更能让孩子感知你的认同和理解,同时还不会干扰孩子的持续倾诉。

同时,我们还可以通过告诉孩子"爸爸妈妈也曾经……和你现在一样",来让孩子感觉他并不孤独,他遇到的问题并不可怕。然后再告诉他"后来爸爸妈妈尝试这样做……你可以试着……"来帮助他寻找解决问题的方法。

- 共情对话方式让父母和孩子站在同一视角看问题,孩子的抵触情绪相对较弱。
- 通过共情,孩子会感到自己被理解、悦纳,从而感到愉快、满足。

父母强大了，孩子才优秀：
改变孩子先改变自己

- 表达共情要注意说话方式，并善用躯体语言。
- 使用共情时，语气和表情都要自然生动，不要让孩子觉得你在"演戏"，否则会弄巧成拙。

四、告诉孩子"为什么"

西方讲究因果关系，东方讲究情和理。无论在世界哪个地方，父母都应该在理性提出要求之后，把原因向孩子解释清楚，让他知道为什么要这样做，或是为什么不能那样做。只有这样，他才容易心悦诚服地执行。

有一次我去幼儿园接孩子，旁边一位妈妈也在接女儿。这位妈妈对女儿说："快点，我还要去逛街，你快点。"

小姑娘嘟嘴："你去逛街为什么叫我快点？"

妈妈："你跟我一起去。"

小女孩："我为什么要跟你一起去逛街？我想回家。"

妈妈皱起眉头："叫你去就去，哪来这么多废话。快点快点！"

然后这位妈妈拉起孩子的胳膊，匆匆把孩子带出了教室。

很多时候我们会遇到类似的情况。

父母向孩子提出一个建议、要求，孩子立刻问："为什么我要这样做？"父母如果心情好，可能会给孩子解释原因；有些时候父母心情不好或者比较着急，就会直接说"听我的没错"、"我叫你做你就做，哪来这么多为什么"；还有些脾气更不好的父母，在孩子拒不执行命令、反复追问"为什么"时，直接揍一顿了事。

第四章
做"会说话"的家长——与孩子沟通的原则与技巧

这样的结果,常常导致孩子的叛逆抵触。

如果希望孩子将来养成独立思考的能力,就不能在幼年时代用强制的方法要求孩子执行命令。家长不解释原因,简单粗暴地要求孩子做事,一味地跟孩子说"听我的没错"、"你不要整天问为什么,照做就行"之类的话,只会让孩子无法自己思考,也容易导致亲子关系紧张、矛盾冲突加剧,更会使本来简单的事情耗费更多时间才能完成。

上面那位小女孩,意思已经表达得够清楚:她不喜欢陪妈妈逛街,她想回家。这种情况下,妈妈其实可以先把孩子送回家,由孩子的爸爸、奶奶等其他家长照顾,然后自己去逛街。如果家里其他人没空,妈妈逛街必须带着孩子,她也可以跟孩子说清楚理由,比如"宝贝,家里现在没有人陪你,妈妈不放心你一个人在家"或是"妈妈非常喜欢你,希望你时时陪在妈妈身边,所以逛街也想邀请你一起,可以吗?"等。

如果能给出孩子理由,孩子就会很容易接受。

说清楚理由,除了容易让孩子接受,也有助于孩子通过家长的解释掌握大量常识,这对丰富孩子的知识、增长他的眼界都有好处。

比如当孩子看了半小时动画片后还想继续看时,你可以在提出关闭电视机的要求后,清楚告诉他电视、手机、电脑等对眼睛的伤害;比如不允许孩子玩刀、火等,就要告诉他危险物品会伤害自己,也会伤害他人;比如你不希望孩子乱动你的东西,就要告诉他"大家都不喜欢别人乱动自己的东西,如果你想要使用我的物品,应该先征求我同意"……当孩子知道理由,他就会晓得该怎么做,并且可以把学到的东西应用到其他场合。而单纯对孩子说"你照做就好",孩子就学不到任何东西。

父母强大了，孩子才优秀：
改变孩子先改变自己

有些时候，孩子可能会把一些与他无关的事情揽上身，这时候我们应及时发现孩子的情绪，并给予解释说明。

有一次，我感冒发烧了，回家之后并没有像往常那样拥抱嘟嘟。嘟嘟没有问我为什么，却用疑惑的眼神看着我。我赶紧告诉她："妈妈生病了，没有力气抱你，也怕传染你，所以不敢离你太近。等妈妈病好了，我们抱一整天，好吗？"

嘟嘟疑惑的眼神变成同情的眼神："生病好可怜，等你好了，我抱你。"

我相信很多家长遇到过类似情况。如果我们不说明，孩子也许会觉得自己做错了什么，导致父母不愿意拥抱他。所以一定要在第一时间向孩子解释清楚，父母的这些行为与他无关，请他放心。

- 提出要求前，把理由告诉孩子，是对孩子基本的尊重。
- 除非情况紧急，无法当场说明（比如遭遇火灾、车祸），否则一定要对孩子说清楚理由。
- 只有道理说得通，孩子才容易接受。否则，不听话是必然的。

五、该拒绝时就拒绝

爱孩子是父母的天性。这份爱中不仅要有包容与忍耐，更应有原则和立场。真心爱孩子，就要从一开始为孩子在"可以"与"不可以"之间划一条清楚的界线，绝不满足孩子的不合理要求，也不放纵孩子的过分行为。

曾经有这样一个孩子，特别有攻击性，总是抢别的小朋友的玩具，

第四章
做"会说话"的家长——与孩子沟通的原则与技巧

甚至打别的小朋友。

对于这样的孩子,父母除了需要反思自己有没有错误示范,还应及时对他的行为进行纠正,绝不能放纵他。必须让他明白,他的行为已经对其他小朋友造成伤害,这是绝不允许的;还要让他明白,使用别人的东西一定要征求别人同意,如果别的小朋友不愿意借玩具给他,他应学会接受这种不如意。

如果他还是不肯听,则可以给予必要的惩罚。当然,不要用体罚,可以考虑用隔离冷静、减少其他要求的满足次数等方式来进行。

有家长跟我抱怨说,他家孩子特别不听话,只要家长不满足他的要求,他就大吵大闹甚至摔东西,让人很头疼。我告诉他,这多半是因为你在一开始没有坚定拒绝孩子的不合理要求。

心理学上有一个条件反射原理,运用到对孩子的教育中来看,如果孩子发现要挟父母、在公众场合大声哭闹或是一再要求就能改变父母的原则立场,从而满足自己的要求,他就会不断运用要挟、哭闹等方式来向父母提出不合理要求。

所以,若想杜绝孩子的不合理要求,父母从第一次就要让他知道,"不"就是"不",即使他再哭闹也不会有所改变。

还有一些情况,孩子的要求也许不算过分,但满足起来有难度,那么父母也应该明确告诉孩子:我们做不到,所以不能满足你。

"我们班的×××有一个……我也想要",类似这样的要求,很多孩子都对父母提出过。许多父母听完立刻带孩子去买。他们觉得,只要孩子喜欢,我花钱也高兴。

如果东西不贵,又对孩子没坏处,买了也无妨。但如果这样东西超

父母强大了，孩子才优秀：
改变孩子先改变自己

出家庭预算，怎么办？

可以说，出于对孩子的爱，很多父母都会尽可能地满足孩子的物质要求。即使孩子的要求可能超过了家庭的经济承受能力，父母也常常节衣缩食，努力满足孩子。他们觉得，我一定要尽力给孩子最好的条件，我一定要把我小时候没有得到的遗憾统统弥补给我的孩子；不满足孩子的要求，我心里过意不去。

但是从心理学角度说，这样做对父母和孩子都不好。

一方面，这会增加家庭的消费压力，使父母过分辛苦，心理负担变重；另一方面，会让孩子养成错误的金钱观念，使他长大后无法合理调整自己的经济状况。

如果孩子提出了超出家庭经济承受能力的要求，较好的办法是直接对孩子进行解释，告诉他你没有足够的钱给他买这些东西。这个道理三岁的孩子就已经可以理解。同时我们自己要知道，不能承受某些物质上的消费并不是一件丢脸的事情，不需要因此对孩子有负疚感。

我们都知道，太容易得到的东西，人们常常不会珍惜。如果父母一味满足孩子的愿望，让他得到任何他想要的东西，孩子的需求只会更加没有节制，而且永远不会感到满足。让孩子明白，不是所有他想买的东西父母都可以买得起，他需要调整自己的愿望与期待。这样，孩子也会比较懂得珍惜他拥有的那些东西。

- 孩子提出的要求，我们要仔细区分是合理的还是不合理的。合理正当要求应当尽量满足，不合理的要求则应该严词拒绝。
- 爱孩子与溺爱孩子完全是两回事。满足孩子的不合理要求，纵容孩子的无礼行为，这些都是溺爱，只会害了孩子。
- 拒绝孩子的不合理要求时立场要坚定，不能给孩子"只要哭闹就能

第四章
做"会说话"的家长——与孩子沟通的原则与技巧

得到满足"的印象。只要家长有一次让步,这种印象就会在孩子头脑中得到强化,下一次就会闹得更凶。

- 该拒绝时就拒绝,不要担心伤害孩子,一味地满足不是好事。

父母强大了,孩子才优秀:
改变孩子先改变自己

第五章
了解儿童敏感期——让孩子自由健康成长

一、了解儿童敏感期的意义何在

嘟嘟半岁大的时候,有一次我抱她在小区花园里晒太阳。她把右手五个手指头轮流塞进嘴巴里,津津有味地吮吸着,隔了一会儿,她把湿漉漉的小手从嘴巴里拿出来,低着头反复看,一脸开心的样子。

一位同样抱着孩子的奶奶,见状走过来教育我:"你这妈妈,孩子吃手也不管。"

刚说完,她的小孙子把手塞进嘴巴里,她赶紧把孩子手拿出来,"啪"一下拍在孩子小手上,转头对我说:"吃手就要打,不打不长记性。"

我跟她说,半岁孩子正处在用嘴巴探索世界的"口腔敏感期",这个时期就应该让孩子吃手,家长要做的是为孩子保持手部干净,而不是不让他吃。

奶奶将信将疑看我一眼,转头抱着孙子走了。

第五章
了解儿童敏感期——让孩子自由健康成长

嘟嘟两岁的时候，在公园里跟一个两岁半的小男孩一块玩儿。那个小男孩带了一只泡泡枪，把嘟嘟全部的心神都吸引住了。

小男孩的妈妈见状，对自家孩子说："把你的泡泡枪借给小妹妹玩一下好吗？"

小男孩不肯。他妈妈立刻说："宝宝你不能太小气，咱们要做个大方的好孩子。"

我赶紧阻止这位妈妈，告诉他两岁半的孩子正处在"自我意识敏感期"，不爱把玩具给别的小朋友是正常反应，绝不是什么"小气"，家长千万别强迫他"分享"。

嘟嘟五岁的时候，喜欢上了班里一位叫祺祺的男生，每天回来都要跟我说这个男生做了什么、说了什么。

有一天从幼儿园回来，她格外兴奋地对我说："妈妈，我长大以后要跟谢煜祺结婚！"

外婆立刻说她"羞羞"，嘟嘟很不高兴地大叫："哪里羞羞了？爸爸和妈妈不是也结婚了吗？"

我拦住嘟嘟外婆，很认真地跟嘟嘟聊起结婚的问题。我告诉她，她有喜欢的人，爸爸妈妈都很高兴；但是结婚是两个人的事，光是嘟嘟愿意还不行，你要征得祺祺的同意，如果祺祺也喜欢你，愿意和你在一起，等你们长大了想法仍不变，就可以结婚了。

事后我妈说我"纵容"嘟嘟，我跟她解释这是儿童必经的婚姻敏感期，并不是什么丢脸的事，家长应该好好引导。

那位奶奶不让孩子吃手的原因多半是吃手不干净，对孩子健康不利；那位妈妈，则肯定是希望儿子成为懂得分享的大方孩子；嘟嘟外婆

父母强大了，孩子才优秀：
改变孩子先改变自己

则出于老一辈的观念，觉得小孩子说起结婚是太"早熟"。可是他们不知道，半岁孩子吃手、两岁孩子不愿分享、五岁孩子说要结婚，以上这些表现，正是处在敏感期的儿童最正常的反应。

由此我想到，作为家长，我们都很爱孩子，却常常因为不了解孩子的发展敏感期而做出错误的举动，无形中阻碍了孩子的正常行为，影响孩子的成长。如果我们能够了解孩子成长不同时期的不同特征，帮助孩子平稳度过每一个敏感期，该有多好。

那么，什么是"敏感期"呢？

教育史上杰出的幼儿教育思想家和改革家蒙台梭利博士认为，儿童在0~6岁的成长过程中，随着智力、秩序感、节奏感、行走、观察力等方面的发育特征，会产生环境、秩序、感官、动作、社会规范等一系列的敏感情况。这一时期被称为儿童"敏感期"（也称"关键期"）。

处在某个特定敏感期中的儿童，受内在生命力的驱使，接受某种刺激的能力是异乎寻常的。在一个时间段内，他常常只对一种特定的事物、知识或技能感兴趣，并会对这种事物、知识、技能显出格外专心的特质，不断重复实践，直到这种感受需求完全得到满足为止。

蒙台梭利说："正是这种敏感性，使儿童以一种特有的强烈程度接触外部世界。在这时期，他们容易学会每样事情，对一切都充满了活力和激情。同时，儿童不同的内在敏感性，使他能从复杂的环境中选择对自己生长适宜和必不可少的东西……使自己对某些东西敏感，而对其他东西无动于衷。"

敏感期在儿童学习说话和走路时体现得最明显，父母们很容易就能观察到。而与一些明显的敏感期不同，有些敏感期很短暂、易忽视，如果家长不注意，就会很快消失。

第五章
了解儿童敏感期——让孩子自由健康成长

一旦孩子能顺利度过一个敏感期，他的心智水平、各方面能力就会从一个台阶上升到另一个台阶。

如果父母能意识到敏感期的存在，并在敏感期来临时，用相应的语言、行动来引导孩子，就能使得孩子的这种能力真正发展起来，从各方面促进孩子的成长。反之，若孩子在其敏感期没有按大自然的指令去自由行事，错过了某一特殊敏感期，那他可能就会失去这种天赋的力量，今后再想发展这方面能力就会事倍功半，甚至永远得不到充分发展。

幼教专家孙瑞雪指出：0~6岁的儿童，如果敏感期没有得到良好发展，到了6~12岁还会有弥补的机会，前提是6~12岁期间，儿童必须有一个充满爱和自由的成长环境。但现实是这一阶段的孩子刚好开始上学，在学习压力下，很多孩子既得不到6岁以前来自父母的宽容和疼爱，又得不到长大后成人给予的尊重，从而得不到敏感期的补偿机会，以至于留下永远的遗憾。

- 儿童敏感期对儿童的成长发育至关重要，绝不能忽视。
- 敏感期不仅是幼儿学习的关键期，也影响其心灵、人格的发展。顺利通过一个敏感期后，儿童的心智水平便能上升到一个新层面。
- 成人应尊重自然赋予儿童的特殊敏感期，并提供必要的帮助，以免错失一生一次的特别生命力。

二、儿童有哪些敏感期

要想帮孩子平稳度过敏感期，让孩子发展得更优秀，我们首先要了解，孩子在0~6岁的成长中，究竟有哪些敏感期。

父母强大了，孩子才优秀：
改 变 孩 子 先 改 变 自 己

根据长期的观察和研究，蒙台梭利指出了一些心理现象的敏感时期，大致将儿童敏感期划分为：

感觉能力敏感期（0~5岁）

语言敏感期（1~3岁）

运动敏感期（1~4岁）

对细微事物感兴趣的敏感期（1.5~3岁）

秩序敏感期（2~4岁）

学习生活和社会礼仪敏感期（2.5~4岁）

逻辑敏感期（4~7岁）

绘画和音乐敏感期（4~7岁）

文化学习敏感期（6~9岁）

经过不断地完善，我们把儿童敏感期又具体细分为二三十个阶段。每个敏感期出现的时间段不一样，持续的时间长短也不一样，有时候几个敏感期会交叉重叠出现。

1. 光感敏感期（0~3个月）

刚出生的宝宝对光感非常敏感，这时宝宝需要适应白天和晚上的光线差异。这一时期的宝宝对黑白图的兴趣远多过彩色图，家长不妨多准备一些黑白图片给宝宝观看。

2. 口腔敏感期（4~12个月）

这一时期，孩子喜欢把所有触手可及的东西放进嘴巴里品尝，尤其喜欢吃自己的小手，他们以此探索物品的味道、质地、性状等，并建构着对这个世界的认识。

这种状态可能持续好几个月，如果被强行终止，容易出现口腔敏感期滞后的情况。而敏感期的口腔没有得到充分满足的孩子，则可能会在1岁之后出现补偿性反应，表现出乱咬手指甲、爱吃零食，甚至咬人的情况。

3. 手部发育敏感期（6～12个月）

半岁开始，孩子逐渐喜欢抓、捏、扔东西，这既是孩子手眼协调发育的过程，也是孩子摸索世界的过程。家长可以为孩子准备各种软硬、材质不同的物品，供孩子捏、摸、抓，以让他充分感受到外界事物的丰富性。这一时候，看到家长把自己扔出的东西捡回，孩子常会表现出明显的高兴表情。在移除易碎品、贵重物品的情况下，不妨让他扔个够。

4. 肌肉发育敏感期（包括：大肌肉敏感期1～2岁，小肌肉敏感期1.5～3岁）

1岁左右，孩子会明显表现得活泼好动，喜欢扶、站、努力行走。此时应给予他充分的空间，在保证安全的前提下，让他熟悉更多的肢体动作，和他一起做游戏运动，使各种肌肉得到训练。这既能增进亲子关系，又能使左右脑均衡发展，还能促进孩子身体发育。在动作敏感期，精细动作的训练不仅有助于养成良好的动作习惯，还可以增长智力。

5. 语言敏感期（1～3岁）

语言的启蒙始终伴随着婴幼儿，0～6岁都可以算是儿童语言发展的敏感期，其集中爆发则常常在1到3岁间。有些孩子说话早，可能1周岁已经能言；有些孩子说话晚，两岁才能说出短语。无论孩子开口说话是早还是迟，父母都要多与他说话、讲故事，促进他的语言发育。良好的语言教育会使幼儿的表达能力增强，极大增强孩子的大脑智能。

6. 色彩敏感期（1～3岁）

孩子开始对色彩产生感觉和认识，开始在生活中不断寻找不同的色彩。他会感觉到世间颜色的美丽，这一时期对后面的绘画敏感期和审美敏感期都很重要。

7. 对细微事物感兴趣敏感期（1.5~3岁）

这一时期，孩子常常会做出一些我们不理解的细小动作，比如捏起一片掉落的叶子不停地往花盆里插，或是盯着地上蚂蚁怎么看也不烦，他们不厌其烦地从大人们习以为常的地方探索出更多的奥秘，变得爱玩沙子、爱玩水。此时是我们培养孩子细致观察事物的好时机，一定要好好利用。

8. 自我意识敏感期（1.5~3.5岁）

儿童的心理发展是一个由"自我中心化"到"去自我中心化"的过程。自我意识敏感期，是儿童确立"自我中心"的关键阶段，也是所有敏感期里极为重要、不可缺少的阶段。1岁半后，孩子逐渐开始区分"我的"和"你的"、"我"和"你"的界限，渐渐有了自我意识，喜欢通过说"不"来表达自我意志，遇到不符合他心意的事情则大哭大闹。

这一时期，孩子会把感兴趣的东西藏起来，不允许父母抱别的小朋友，表现出对自我物品的强烈占有欲。孩子只有在完全的拥有一件物品并可以自由支配时，才可能去探索物品背后的精神，才可能超越物质层面的占有。而当这些物品的所有权完全属于孩子自己时，交换就开始了，人际关系的序幕也就拉开了。

这段时间里，父母不必强求孩子学会分享玩具等，否则他会无法建立自我系统。建议家长给这段时期的孩子一个独立的空间，当你进入他的区域或者触碰、使用他的物品时，一定要征得他的同意。

9. 秩序敏感期（2~4岁）

这一时期，孩子一旦某些事情形成了秩序，就会每天不厌其烦地进行，一个环节都不能错，一个环节也不能漏，先后的顺序也不能打乱，否则就要重来一次。这时的家长一定要有足够的耐心，和孩子共同度过这个关键时期。好好利用秩序敏感期教育孩子，有助于孩子学习社会规则、生活规范，也有利于孩子将来遵守社会规范，拥有自律的生活。

10. 空间敏感期（2.5～4岁）

当你发现孩子开始喜欢移动物体、扔东西、搭积木、垒高，或是喜欢钻进不同大小的空间爬上爬下时，说明他进入了空间敏感期。父母不妨多提供类似的玩具，帮助孩子完成空间探索，这对孩子平衡感的发育很有好处，也对将来认方向、认路大有帮助。

11. 动手敏感期（2.5～4岁）

孩子从这时开始真正有意识地使用工具，这是培养孩子专注力的最好机会，也是孩子训练小手肌肉和手眼协调的重要时期。无论在教室里还是家里，只要有充分的材料，孩子们都非常乐意剪、贴、涂、画。父母要做的就是给孩子提供所需的材料，并尽量不要打扰专心工作的孩子，免得养成他注意力不集中的坏习惯。

12. 执拗敏感期（2.5～4岁）

执拗敏感期的儿童，喜欢想当然地按照自己的意愿行事，尽管有时候这种意愿看起来是"不可理喻"的胡闹，但一旦被拒绝，他们就会烦躁不安，奋力反抗，大哭大闹，难以平息。家长常常抱怨这一时期的孩子"喜欢胡闹"、"任性"，这其实是错怪了孩子。

这是孩子成长过程中难以逾越、不以他们的意志为转移的阶段，父母一定要做好耐心陪孩子度过这段时期的思想准备，理解他们的痛苦，不过多限制他们的淘气行为。我们越是缺乏耐心，孩子越难顺利走出这个敏感期，从而对他们今后的心理发育产生负面影响。

13. 完美敏感期（2.5～4岁）

完美敏感期的孩子常常让父母觉得很头疼。我们会发现，原先随意的孩子变得非常"挑剔"，他们要求吃的、玩的、用的都必须完整漂亮，如果不符合要求就坚决拒绝。端水时洒出一滴就很痛苦，吃的苹果上不能有斑点，衣服不能少扣子，周围环境必须符合其审美，等等。接着上升到对规则的要求：我遵守规则你也必须遵守，人人都要遵守；垃圾必须扔到垃圾桶里，没有垃圾桶宁可拿着。追求完美是一种内在的、自律的力量，家长不要随意责怪孩子"无理取闹"。如果这个时期孩子追求完美的心得到满足，就会自己产生"完美自律"。

14. 思维敏感期（3~5岁）

这一时期，孩子喜欢不断追问"为什么"，比如"天为什么黑了？""为什么会下雨？""小朋友为什么要上幼儿园？"等等。这时孩子正在用语言探索逻辑关系，孩子正是通过这样一问一答，在认识客观世界的同时也发展了思维能力。这一时期孩子学习知识事半功倍，我们一定要保护好孩子这份珍贵的好奇心，遇到不能回答的问题，可以和孩子一起学习。

15. 诅咒敏感期（3~5岁）

"坏蛋"、"打死你"、"把你踢死"，这些听上去既不文明又有些可怕的言辞，总是出自这个年龄段孩子的嘴里。在这时，孩子发现语言是有力量的，而最能表现力量的话语就是诅咒；家长反应越强烈，孩子就越喜欢说。我们要做的是忽略、淡化，而不是批评、责骂。当他说出这些话时，假装没听见，不予理睬。当他发现这些话对家长没有作用时，就会觉得这些话并不具备"力量"，自然也就变得没兴趣说；批评、责骂则会强化他对语言力量的印象，让他变本加厉。

16. 人际关系敏感期（3~5岁）

孩子的交往常常从食物交换开始，在3岁左右，开始通过分享好吃的和别的小朋友交往。逐渐地，他们开始用交换玩具来交朋友。再长大一点的时候，他们开始按兴趣爱好分组，朋友的关系开始长久。到了5

岁左右，三四个朋友的关系基本上很固定。此时父母可以给一些人际交往方法的建议，引导孩子真诚、友善交友。

需要家长注意的是，孩子进入这一时期后，会由"自我意识敏感期"的不愿分享变得热衷分享，比如他会拿出自己认为好吃的食物请父母吃，这时千万不要说"我不吃，你自己吃吧"。如果家长总是拒绝孩子的分享，会给孩子带来失望，孩子就会把分享和失望联系在一起，感受不到分享的快乐，慢慢就不愿意分享了。如果孩子分享给我们东西，我们一定要欣然接受并表现出愉快的表情，帮助孩子把分享与快乐联系起来。

17. 审美敏感期（3~5岁）

审美是对自己的形象有了愿望和审美标准，尤其女孩子，会对自己的衣着和服饰产生浓厚兴趣。孩子到了审美敏感期时总是喜欢化妆，也许这些"妆"化得很离谱，但是女孩子们总是热情不减，并且喜欢在人前展示，直到得到夸奖，她们才会带着满足的神情离开。除了化妆，女孩子还喜欢漂亮的裙子和鞋子，热衷于穿妈妈的高跟鞋，出门前喜欢自己挑选衣服。这个时候，孩子需要的是成人的肯定，父母无须对美做任何评判。

18. 性别和出生敏感期（4~5岁）

大概4岁时，孩子最重视的就是谁是男孩谁是女孩。如果有人去洗手间，他们一定要跟着去，原因是想观察到底是男孩还是女孩。这一时期，他们还会一遍又一遍询问自己从何处来。如果你的孩子到了这个敏感期，就可以买几本幼儿听得懂的生理书讲给孩子听，告诉孩子男女身体的不同构造以及生命的孕育过程，对孩子进行性教育。比起孩子青春期才开始遮遮掩掩讲解，此时性教育更能让孩子坦然接受。

19. 婚姻敏感期（4~5岁）

在人际关系敏感期后，孩子便会开始婚姻敏感期。最初孩子想要和

父母强大了，孩子才优秀：
改 变 孩 子 先 改 变 自 己

爸爸、妈妈"结婚"，之后会"爱上"自己的老师或者其他成人。一直到5岁左右，他们才会"爱上"一个小伙伴，表示要和这个小伙伴结婚。这一时期对孩子未来的家庭观、婚姻观影响很大，一定要好好引导。父母首先要保证良好的家庭关系，给孩子做出良好示范；其次是不要回避，当孩子投入感情说要与谁结婚时，不要取笑或呵斥，而要和孩子共同讨论，建立正确的家庭婚姻观念，让孩子明白因为有爱才会结婚。

20. 身份确认敏感期（4~5岁）

这一时期，孩子会对"我是谁"产生兴趣，给自己一个又一个身份。在幼儿园里，经常有穿着白雪公主服装的小朋友，你必须叫她白雪公主她才答应你。"我是警察"、"我是超人"、"我是孙悟空"，突然间孩子们摇身一变，成了他们理想中的人。这是孩子们透过他们喜欢的人物的人格来确认自己和建构自己。父母不妨在家里进行角色扮演游戏，帮助孩子树立良好的偶像。

21. 数学敏感期（4~7岁）

孩子到了4岁多时，总是喜欢问：这是几个？现在是几点？有几个人？此时孩子对数名、数量、数字产生了浓厚兴趣，但这时的孩子还不能完全理解数学，他们只是能够将数名、数字、数量配上对。这是孩子数学智能的最初发展，而只有三位一体地掌握，才算掌握了数的概念。家长可以让孩子帮助家里买一些日用品，通过花钱锻炼数字能力及经济能力。

22. 认字敏感期（4~7岁）

这一时期，孩子只能宏观地认识文字，也就是一个整体的形象，还不能够分解字的笔画，也达不到书写。孩子会对自己熟悉的某些文字感兴趣，比如他们发现自己名字里的字在别的地方出现，就会显得很兴奋。家长可以买一些识字卡片，让孩子把图案和文字结合起来认字。

23. 绘画和音乐敏感期（4~7岁）

绘画方面，孩子的成长呈螺旋上升趋势。一般两岁开始画线条，逐渐能画出事物的简单形状。这个时期过后，孩子喜欢要求大人帮忙画，因为他们开始意识到自己的能力是有限的。经过一段时间的观察，孩子又开始自己画。到4岁左右，孩子会进入绘画的高潮期，开始把握事物的整体特征。音乐方面，比起乐曲的优美度，孩子会更关注节奏，喜欢听节奏感强的歌曲。

24. 数学逻辑敏感期（4~7岁）

数学逻辑的敏感期和数学概念的敏感期是有区别的。孩子们在完成了对数字、数名、数量的认识之后，开始对数的序列、概念以及概念间的关系产生兴趣。家长可以通过一些直观教具，让孩子学习简单加减法，帮助孩子学好数学。

25. 动植物、科学实验、收集敏感期（6~7岁）

这一时期，孩子开始热烈吸收一切来自自然界的知识。他们对自然的探索兴趣比父母想象的要强烈得多，父母不妨多给孩子创造机会观察大自然，假日带孩子去公园、动物园等地方走走。

26. 文化学习敏感期（6~9岁）

孩子对文化学习的兴趣，起于3岁；而到了6—9岁则出现想探究事物奥秘的强烈需求。这一时期孩子的心智就像一块肥沃的土地，随时准备接受大量的文化播种。父母可在此时提供丰富的文化资讯，或者带孩子出门旅行，见识不同的地域文化。

孩子们的发育状况不同，敏感期的到来有早有晚，但大致都会在相应的年龄阶段内，不会偏差太多。父母若能多掌握些儿童敏感期的常

父母强大了，孩子才优秀：
改变孩子先改变自己

识，帮助孩子过好每一个敏感期，会使孩子收获终身受益的强大能力和美好品质。

- 只要准备一个自由的环境来配合儿童生命的发展敏感期，孩子们的精神与秘密便会自发地显现出来。
- 我们现在看到的最错误的想法便是以为身体活动就只是身体活动而已，以为它不具有更高层次的功能，其实，心智的发展必然和身体动作相配合，而且是相互依赖存在的。
- 父母无法直接帮助儿童形成自己，但是父母必须懂得细心地尊重这个目标的实现，及时体察儿童的敏感期，提供儿童所必要的而他自己又无法取得的"材料"。

智商培养篇

父母强大了,孩子才优秀:
改变孩子先改变自己

第六章
学知识还是培养习惯——"早教"的目的是什么

一、为什么要早教

人类在幼儿时期有着极为丰富的学习能力,孩子的潜能远远大过我们成人的想象。孩子越小,学习能力越强。如果能有计划地给予孩子心智的激发,我们的孩子就有可能成为下一位爱因斯坦。

近年来不断有研究证明,一个人的大脑能力(智商水平)取决于神经元构成的连接网络的大小,连接网络则根据外界因素刺激而产生。

幼儿的脑神经网络,以数量来说,8个月时达到最多;以学习能力来说,高潮在3岁前后来临。由于脑神经网络是配合外界刺激而生长的,所以当婴幼儿受到外部某项学习内容的刺激时,他脑中相应的神经元网络便会不断发展,逐渐发展出最适合学习该内容的网络,该部分的神经元数量也会明显增加。

这一生理特性,在语言学习方面表现得尤为明显。同样一门外语,让一个成人与一个儿童同时学习,我们常常会发现,无论口语、听力,

第六章
学知识还是培养习惯——"早教"的目的是什么

还是语法、单词，总是儿童掌握得比较快。这是因为幼儿时期，脑神经元处在不断增加发展中，一旦受到外语学习的刺激，相应的脑部区域神经网络就会明显发展起来，成为最适合外语学习的神经网络。

一个人主要的神经元网络连接发展工作一般在12岁之前完成。因此儿童时期的学习是一生学习能力、智商水平的基础，最为重要。这也就是我们提倡早教的原因。

人的大脑分为左右两半。左半脑主要负责逻辑理解、记忆、时间、语言、判断、排列、分类、逻辑、分析、书写、推理等，思维方式具有连续性、延续性和分析性，因此左脑可以称作"意识脑"、"学术脑"、"语言脑"。右半脑主要负责空间形象记忆、直觉、情感、身体协调、视知觉、美术、音乐节奏、想象、灵感、顿悟等，因此右脑又可以称作"本能脑"、"潜意识脑"、"创造脑"、"音乐脑"、"艺术脑"。

我们把0～12岁的孩子按年龄分段，分为幼童段、中童段、大童段。其中0～3岁为幼童段，该段儿童尚未进入学校，以家庭教育为主；3～6岁为中童段，该时间段，儿童接受知识和教育主要在幼儿园中，家庭教育为辅；7～12岁为大童段，主要是小学阶段。

6岁以前（小学前），儿童以右脑学习为主，依靠直觉式的感性学习，也就是潜意识能力的训练；6岁以后（小学后），儿童以左脑学习为主，依靠理性学习，也就是显意识层面的能力训练。

之前提到，孩子在0～6岁的成长过程中，有无数敏感期。而敏感期的一个重要特点就是孩子不厌其烦重复进行某一件事，不会觉得单调乏味。这是因为，6岁以前，孩子正是用右脑感知世界的时候。右脑主管企划力、创造力、想象力、直觉、灵感、梦境等。这一时期的孩子有极为丰富的想象力，这种想象能力能够让进入他们头脑的单调信息变为

父母强大了，孩子才优秀：
改 变 孩 子 先 改 变 自 己

有趣的新鲜事儿。他可以每天重复听同一个故事而不觉得厌烦，就是因为这个故事每一次进入他的头脑，都会被他的想象力加工改造，他为这个故事增加了无数不重复的细节，并在这些花样翻新的细节中获得了极大的满足。

这一时期，一方面，父母可以训练孩子对事物的整体感知力，让孩子认识自己的感觉、接受自己的情绪，通过亲身体验，观察事物之间的不同，取得对世界的整体感官印象。另一方面，父母要保护、培养孩子的想象力和创造力，让孩子的右脑得到充分发挥。

6岁以后，孩子的学习慢慢由右脑学习转变为左脑学习，理性思维、逻辑能力等开始提升。这一时期，父母应多多训练孩子的逻辑思考能力和抽象思维能力，提高他的判断推理能力，让他学着自己分辨事物的真伪对错。

12岁以前，孩子大多会表现得非常调皮，总是动个不停、说个没完，对每一样东西都感兴趣，有无穷无尽的旺盛精力。父母常常觉得很疲惫，便责怪孩子太好动。但其实，调皮是因为孩子正在进行不断地探索，而每一次探索都会促进他神经元的发展。他接受外界刺激越多，产生出来的神经元连接网络便越丰富，人也就越聪明。科学研究证明，幼儿时期较少玩耍的孩子，智商与能力发展方面，常常不如幼儿时期经常玩耍的孩子。所以，父母在进行早教的时候，要注意不要强迫孩子坐在一处学某一样知识，而应寓教于乐，引导他在玩中学。

- 大脑的发育与年龄的增加呈反比，人生的头几年，是进行快速学习的好时机。
- 6岁以前，父母要给予孩子尽可能多的直观体验，让他看、听、触、嗅、尝到不同事物、知识、技能，从而让他的右脑充分成长。
- 许多高级思维功能取决于右脑，把右脑潜力充分挖掘出来，才能表现出人类无穷的创造才能。
- 6岁以后，父母要多培养孩子的理性思维能力、逻辑推理能力和抽象概括能力。
- 顽皮也是一种"学习"，会玩的孩子更聪明。

二、早教教什么

早期教育是指孩子在0～6岁这个阶段，根据孩子生理和心理发展的特点以及敏感期的发展特点，而进行的有针对性的指导和培养。

早教能为孩子多元智能和健康人格的培养打下良好的基础，能开发儿童的潜能，促进儿童在语言、智力、艺术、情感、人格和社会性等方面的全面发展。

早教，是孩子接受教育的开始，是孩子一生教育的基础。

近年来早教现象愈演愈烈，很多父母都希望能够给孩子提供一个健康良好的成长环境，通过良好的早期教育让孩子尽早开发出自己的潜力。

重视早教对于培养优秀的人才是很有好处的，但不少家长没有搞清楚早教的目的到底是什么，常常在早教一开始就走向了歪路。

一句"不要让孩子输在起跑线上"，家长们拼命给孩子报学习班、兴趣班，要求孩子乖乖坐好认真学习。嘟嘟班上一位同学，周六一天就有四个兴趣班，分别是幼儿英语、珠心算、电子琴、绘画。孩子苦不堪言，父母也不轻松。

父母强大了，孩子才优秀：
改变孩子先改变自己

幼儿早教的目的究竟是什么？是让孩子能多数几个数字？多写几个汉字？会几句外语？弹几首钢琴曲？显然不是这样简单。

我知道，绝大部分父母早教的目标就是让自己的孩子成为一个优秀的人才，最好各方面才艺都能有所涉猎，并且在将来的学习中名列前茅。不过这种想法显然是不正确的，早教的目的并不是培养出一个精密的学习仪器，也不应该以全科才艺的名义来绑架孩子的玩乐时间。

现在有很多学生刚上小学就表现出严重的厌学倾向，对于学习没有一丝一毫的兴趣。导致这种现象的根源就是家长在早教的过程中太过重视学习，一味逼孩子学功课或才艺，揠苗助长，反倒让孩子早早失去了学习兴趣。

陶行知说："教育是什么？教人变！教人变好的是好教育。教人变坏的是坏教育。活教育教人变活，死教育教人变死。不教人变、教人不变的不是教育。"

叶圣陶说："教育是什么？往简单方面说，就是培养习惯。"

习惯受潜意识支配，一旦某个行为经过不断强化，形成进入潜意识的习惯，它就会根深蒂固地埋进大脑深处，内化为人的素质。比起知识的全面灌输，幼儿阶段最重要的教育应该是培养好习惯，锻炼孩子的能力。幼儿时期培养良好的反应倾向、思维习惯和解决问题的能力，远远高于后来的教育收益。

国际21世纪教育委员会对"最初的教育"是否成功的判断标准是：看它是否"提供了有助于终身继续学习的动力和基础"。

我们在早期教育时，需要培养孩子哪些方面的能力与习惯，才算是

第六章
学知识还是培养习惯——"早教"的目的是什么

为孩子提供了有助于终身的动力基础呢？

1. 锻炼感知觉

孩子从小的感知器官处于不完善阶段，随着成长，各个功能也在逐渐成熟。我们应该从孩子很小的时候就利用声音、语言、视觉等刺激性感观来促使孩子对世界产生认知能力，为孩子将来能够细致观察生活打下基础，也为他进一步地探索、认知、发展社会性、适应生活打好基础。

2. 锻炼语言和思维

孩子的语言能力要经过三个阶段，最开始是模仿时期，也就是咿呀学语期，表现为对外界的声音很感兴趣，会尝试用只有他自己听得懂的话与家长交流。第二阶段是理解阶段，孩子开始对家长说的词句进行分析理解，慢慢内化为自己的语言和思维。第三阶段是表达阶段，这一时期的孩子可以与大人进行简单对话，用简短的词句表达自己的意思。

语言是交流的工具，也是思维的工具，我们要抓住孩子的语言发展关键期，培养孩子的语言能力，养成他正确表达自己、与他人沟通、理解他人的能力，并通过发展语言来锻炼思维能力。

3. 培养独立能力

只有独立自强的人，面对困难时才能勇敢上前，努力奋进，发掘出自己巨大的潜力，最终取得成功；而一个做事犹豫不决、缺少独立思维的人，最终只会是一个自卑的平庸之人。所以，父母一定要让孩子尽早学会独立，为孩子将来的优秀做好准备。

4. 形成健全的自我概念

从孩子的"自我意识敏感期"开始，父母就可以引导孩子学会正确处理自我和他人的关系，处理好自己的情绪和情感，发展良好的自我概念，完善个性。我们要教会孩子如何与他人和谐相处，培养他与人相处、适应社会的好习惯。

5. 培养多向思维能力

多向思维就是我们一般常说的"多个角度看问题"。单向思维的人很容易陷入困境，一旦他发现前路不通，就会不知所措。让孩子学会多向思维，既可以激发孩子的潜能，提升孩子的创造力；也可以帮助孩子提升解决问题的能力。

6. 培养探索与求知的欲望

孩子总是比成人更勇于探索世界，更具有好奇心、求知欲。人生头几年，孩子会因好奇心的驱使而学习、探索，并反复练习，直到成功地掌握某一技能。如果你的孩子充满好奇，喜欢探索，他将会发现以后的学习很容易，也很有趣。相反，如果父母过早地以繁重的兴趣班、学习班框定孩子，他就可能觉得学习非常乏味、枯燥而且不自由。

总而言之，比起知识，在幼儿阶段，习惯的养成才是更重要的。我们做父母的，千万不要忙着知识上的揠苗助长，而应回归到孩子成长过程中最根本的人格特质与生活习惯的养成——这些才是能让孩子受益终生的内质。

- 早期智力开发不等于提前进行学业学习，单纯知识传授式的早教可以说成是畸形的早期教育。
- 早教目的不是灌输知识，而是培养习惯、锻炼能力。
- 教育孩子的过程中，父母应以多种方式方法进行价值取向影响、思维训练和行为训练，以帮助孩子形成良好习惯。
- 养成孩子乐于探索未知世界的品质，激发孩子的求知欲，才能让孩子在未来立于不败之地。

第六章
学知识还是培养习惯——"早教"的目的是什么

三、早期教育,请教会孩子积极的心理暗示

孩子的潜能无限,他们有丰富的想象力、创造力,有无穷无尽的探索力、发掘力,他们用儿童特有的勇气,摸索着这个未知的世界,雄心勃勃,兴致盎然。

可是,总有一些孩子,一遇事就害怕,怯生生说着"我不行,我做不到",还没尝试便先行退缩。这种自我否定,扼杀了孩子成长的无限可能,让人扼腕叹息。

造成孩子缺乏自信心的原因很多,也很复杂,这其中既有先天气质类型等因素,也有后天教育的影响。但无论如何,缺乏自信心的孩子很难变得优秀,这是无可否定的事实。

若想改变这种状态,除了探明原因对症下药外,持续进行积极的心理暗示是一种行之有效的方法。这种积极的心理暗示,可以由父母直接给予,但更好的方法是通过父母的引导,最终达到孩子能够自主进行自我暗示的状态。

《心理学大辞典》对"心理暗示"的解释是:"用含蓄、间接的方式,对别人的心理或行为产生影响。暗示作用往往会使别人不自觉地按照一定的方式行动,或者不加批判地接受一定的意见或信念。"

根据暗示的不同效果,心理暗示分为积极的心理暗示和消极的心理暗示。

很多父母都有过这样的困惑:孩子毛病一大堆,怎么纠正也不见效果;每次发现孩子的错误,都会及时予以批评指正,甚至进行严厉的责

父母强大了，孩子才优秀：
改 变 孩 子 先 改 变 自 己

罚，可结果总是事与愿违。为什么呢？

因为我们常常犯一个错误：每次纠正孩子的行为时，都在不经意间数落孩子，给予孩子消极的心理暗示。比如，你带孩子出门，别人当着孩子的面夸奖他聪明能干，你赶紧谦虚地说，这孩子其实很笨；当别人说你家孩子真懂事时，你又急着说，哪里哪里，跟你家的孩子比起来差远了……这些言行都是在给自己的孩子做消极的心理暗示。而孩子是很敏感的，他们善于捕捉家长话语里暗示的内容，使得心理暗示愈加强烈，效果愈加扩大。

20世纪美国心理学家罗森塔尔曾做过一个著名的"罗森塔尔实验"，证明了心理暗示在儿童教育中的重要性。

1966年，罗森塔尔和助手来到一所小学，声称要进行一个"未来发展趋势测验"。测验结束后，他们以赞赏的口吻将一份"最有发展前途者"的名单交给了校长和相关的老师，叮嘱他们务必保密，以免影响实验的正确性。其实他们撒了一个"权威性谎言"，名单上的学生是随机挑选的。

8个月后，奇迹出现了。凡是上了名单的学生，成绩都有了较大的进步，表现出了更强的学习能力和求知欲。

结果为何如此？显然，罗森塔尔的谎言对老师产生了暗示，老师相信专家的结论，这份名单左右了老师对学生能力的评价，而老师又将自己的这一心理活动通过自己的情感、语言和行为传递给学生，使他们强烈地感受到了来自老师的关爱和期望，学生的自信心由此得到增强，因而比其他学生更努力，进步得更快。

这一效应表明，一个孩子能不能成为天才，取决于家长和老师能不能像对待天才一样爱他、教育他。这就是一个著名的"积极心理暗示"

第六章
学知识还是培养习惯——"早教"的目的是什么

的例子。

如果孩子总是接受着来自家长的消极心理暗示,他就会慢慢给自己划定一个圈子,告诉自己"我走不出这个圈子,我不行",渐渐地,他就真的什么也做不成,什么都不敢做。

而如果父母时常对他说"你能行,爸爸妈妈看到你一直在进步"、"我们相信你可以做到",他的不自信就会慢慢被积极的心理暗示取代。当类似的鼓励场景不断累加,积极的心理暗示就会内化进儿童的头脑深处,成为烙印在他潜意识里的东西。每当放弃的念头闪现,积极的心理暗示就会从他的头脑中跳出,告诉他"我可以"、"我一定能战胜自己"。

然而有时候我们发现,尽管有了积极的心理暗示,目标对于孩子来说仍然难以实现,孩子在多次失败后灰心气馁,再暗示也没用。

嘟嘟有过敏性哮喘,每次感冒都会引发剧烈的咳嗽和哮喘,然后很快转为支气管炎或者急性肺炎,曾经一年之内吊水多次。我们带着她辗转求医,后来有一位经验丰富的老中医给我们开了一帖中药,止咳平喘效果很好,副作用也小。但是这帖中药非常苦。

第一次,嘟嘟捏着鼻子喝完整碗,立刻吐了。呕吐带给她不好的印象,加深了她对药的恐惧感。之后无论我们如何进行积极的心理暗示,她坚定地觉得自己做不到,不肯再喝。

于是我们采取了"小步前进"法。把这碗200毫升左右的中药分装进4只小玻璃杯中,每杯只有三四口的量。我们拿出其中一杯给她看:"今天下午我们就喝这么一点点,并不难的,嘟嘟一定能做到。我们试一次好不好?"

父母强大了，孩子才优秀：
改变孩子先改变自己

看看药一下子变少了很多，她觉得也不是那么难接受了，便有些动摇地望着我们："我真的可以？"

我们点头，语气很肯定："一定可以。试一试就知道了。"

嘟嘟皱着眉头，一口气喝完了杯中的药。我们赶紧表扬她："嘟嘟真厉害，你看，其实没那么难，你真的做到了对不对？"

她很得意地笑："虽然有点苦，但我喝完了，比上次厉害。"

这次成功的经验让她有了信心。晚上，我们端出第二杯的时候，她的抗拒心便没有之前那么强，很顺利地再次喝完。我们再次及时给予正面肯定，强化了她对自己"可以喝完"的心理暗示。此后她对喝药不再有抗拒，有时喝完药还会自我表扬："我真厉害，这么苦也能喝下去。"

所以，当目标较远、一时难以实现时，我们不妨采用"小步前进"法。父母帮孩子把目标分解成具体的若干小步，每一小步都是孩子"跳一跳够得着"的距离。每走出一步，就及时予以积极的心理暗示，不断鼓励孩子向前，直到孩子建立起足够的自信，通过自我暗示到达终点。

- 人的能力、性格等的形成，相当一部分取决于周围环境和他人的期望。
- 孩子的心智尚未成熟，受暗示性比成人更强，所以心理暗示对他们的影响更大。
- 若想让孩子更优秀，父母一定要教会孩子积极的心理暗示，让孩子充满自信。
- 分解目标，小步前进，让孩子觉得成功近在咫尺，有助于强化孩子的积极自我暗示。

第六章
学知识还是培养习惯——"早教"的目的是什么

四、不要让孩子的学习变成父母炫耀的资本

嘟嘟4岁左右,对认字产生了浓厚的兴趣,在她看来,那些象形的方块字一个比一个好玩。于是我开始教她认字,一年下来,她认识了三四百个字。

有一天嘟嘟跟外婆视频聊天的时候,我颇为自得地对嘟嘟外婆说,嘟嘟能认识300多个字呢。嘟嘟外婆很高兴,狠狠表扬了嘟嘟。嘟嘟扬扬得意,第二天一见人就炫耀道:"我认识了300多个字。"

听到的人赶紧夸奖了她两句。我却突然警醒,我的表现给了她错误的示范。她原本是因为感兴趣才去学习,我的自得与夸耀却无意中让她的学习原动力由内在的兴趣转移到外在的炫耀。这对孩子的学习是极为不利的反面影响。

无独有偶,最近在报纸上有这样一则新闻:

南京刘女士的女儿乐乐今年上五年级,学习钢琴已经4年,现在水平也不错。

在乐乐上四年级的一次年级演出中,刘女士坐在最前面,女儿一袭长裙,陶醉的表情以及优雅的动作,加上动听的琴声,赢得台下观众的阵阵喝彩。刘女士拍了女儿弹奏的照片发到朋友圈,没多久就获得几十个赞。刘女士陶醉其中。

但前段时间的一次班级活动给刘女士带来了一个困扰。

数周之前,乐乐的班级组织了一场活动,不少"身怀绝技"的孩子都表演了自己拿手的节目,口琴、武术、小提琴,种类多样,但乐乐却因为班级无法提供钢琴,自己家的钢琴也无法搬到学校来而不能够表演

父母强大了，孩子才优秀：
改变孩子先改变自己

才艺，闷闷不乐了好多天。

刘女士在和记者谈及这个事情的时候，心里别提有多恼了，本来打算好好打扮一番前往女儿的班级接受众多家长的称赞，结果没去成。

新闻中的刘女士，开心与苦恼的原因很简单，无非是女儿的才艺能否在朋友圈中炫耀。

也许这则新闻有些夸张，但生活中类似事件并不少见。

家里来客人了，或是家长带孩子出门见朋友，往往招呼孩子说"来来来，给阿姨唱首歌"、"给叔叔跳个舞"、"给爷爷背首唐诗"……孩子若是表演得好，父母便觉得面子大增；孩子若是不肯表扬，则批评道："你怎么这么胆小，你不是学了好多……吗？怎么不敢表现啊？"

有了孩子之后，大部分夫妻和别人聊天的时候，谈资都是自己的孩子。老同学聚会的场合，更常常演变成一群相识的人聚在一起比较自家孩子。孩子成了父母的一张名片，孩子出色父母就会觉得在朋友中倍儿有面子；若是孩子在父母眼中"拿不出手"，则父母常常在聚会结束回家后厉声责骂孩子不争气，然后赶紧给孩子报这个班、那个班。

这种种司空见惯的行为，背后隐藏的是对孩子极大的不尊重。见人便要求孩子表演才艺，其实是把孩子当作马戏团里的动物，孩子的才艺成了杂耍的把戏。当孩子的学习变成家长炫耀的工具，孩子本身潜能的发展无形中就被忽视了。

更严重的是，这种行为还会给孩子的心理成长造成负面影响。首先，这种形象工程让小小的孩子们学会在外人面前伪装自己，也容易造成高分低能。其次，这种行为会给予孩子不良的示范，让孩子变得爱攀比、爱虚荣。再次，不断让孩子在他人面前表演节目，会使得孩子将所有的注意力放在取悦他人上面，成年后，一旦别人不认可他，他就会产

第六章
学知识还是培养习惯——"早教"的目的是什么

生挫折感，不能很好地发挥自己真正的能力。此外，这样做还会混淆孩子对学习目的的认知，让孩子的学习目的仅仅出于得到表扬，而不是源自内心真正的求知欲望。

- 让自己的孩子能够按照自己设定的轨道走，是大部分父母的正常心理，但正常心理未必是正确的心理。
- 父母提出要求时，请兼顾孩子的看法和想法，否则之后会造成很多矛盾。
- 请不要把孩子当成自己的炫耀工具，"面子教育"并不是孩子真正需要的东西。

父母强大了，孩子才优秀：
改变孩子先改变自己

第七章
纸上得来终觉浅——体验比告知更重要

一、多给孩子体验的机会

我们常常在教育孩子的过程中，过多地使用"告知"的办法，告诉他这个是怎样怎样的，那个又是怎样怎样的，总想着把正确的经验告诉孩子，孩子就能少走一点弯路，却忘记了弯路是成长必需的道路。"纸上得来终觉浅，绝知此事要躬行"，不通过自己体验得到的印象终归是不深刻的。

用自己的眼睛去看，用自己的耳朵去听，用自己的舌头去尝，用自己的手脚触碰——只有这样，孩子才能建立起对世界的深刻印象，才能更深入地领悟到世界的美好，也才能不断总结归纳出属于他自己的经验——这些，正是成长中尤为可贵的内核。

嘟嘟很小的时候，不管拿到什么东西都往嘴里放。大一点，遇到什么新鲜事物都想摸。

第七章
纸上得来终觉浅——体验比告知更重要

外婆常常阻拦她:"这个苦,不能吃;那个脏,不能碰。"

我则充当阻拦外婆的角色:"让她自己感受吧。"

吃过两次苦头后,嘟嘟对入口的东西谨慎了许多,知道了哪些能吃哪些不能吃。

再后来,我们和嘟嘟的对话常常是这样的——

嘟嘟:"那个是什么?好玩吗?"

爸爸妈妈:"你去玩一玩试试。"

嘟嘟:"大海是什么样子的?我想看大海的图片。"

爸爸妈妈:"我们放假去海边玩吧,现在订票。"

嘟嘟:"螃蟹的钳子夹人疼不疼?"

爸爸妈妈:"你把手指伸过去让它夹一下,不要怕,疼也没关系。"

……

孩子成长过程中,我们经常看到他会很调皮,这里看看,那里摸摸,什么都想放进嘴巴里,或者喜欢拆开玩具、打破东西。父母常常因此批评孩子太调皮,不乖巧。其实这是他在接触新事物的时候,运用自己的感官进行认知的过程。让孩子多尝试、多接触新事物,他的感官才能更敏锐,认知才能得到长足发展。

从生理特征上说,婴儿出生时大脑的体积约为成人的30%,两岁时就会发展到成年人的90%。脑是婴儿最先发展的器官。

神经元之间的连接网络,绝大部分是因为受到外界的刺激而产生的。婴儿甫一落地,外界的刺激就开始不断催促着他的神经元连接网络飞速发展,有些时候,增长速度能达到每秒30亿个连接点。

大脑的发育过程遵循"用进废退"的原则,越刺激,越发展。如果在孩子婴幼儿时期给予足够的视觉、听觉、嗅觉、触觉、语言、运动、

父母强大了，孩子才优秀：
改变孩子先改变自己

理解力等方面的刺激，他的大脑就会在这些方面发育得格外好，反之，长大后就容易有能力障碍。

从出生到 12 岁，神经元连接网络会不断尝试各种特别的组合，以配合语言、运动、思考、观察、情绪行为等学习或者成长所需的条件。这些组合是动态的、不稳定的、快速形成的，如不能被利用，就会很快消失。若能够抓住时机，予以强烈刺激，则孩子就会在某方面表现出强烈的天赋，比如绘画、运动、音乐、学习等。

我们常常不知道孩子的某一个神经元连接网络组合会在什么时候呈现出怎样的状态，所以我们要尽可能多地给孩子体验的机会，让他充分尝试各种新鲜事物，才有可能找到最适合他的那个天赋区域。

- 父母如果只想着用自己的经验代替孩子的体验，孩子就永远和这个世界隔了一层玻璃。
- 多样的、强烈的刺激，能有效促进大脑发育。
- 请帮助孩子不断体验丰富多彩的生活。体验得越多，越有可能打开孩子的天赋之门。
- 12 岁以前多给孩子体验的机会，他会成长得更优秀。

二、不要急着告诉孩子答案

嘟嘟 4 岁的时候，听了故事《风到哪里去了》之后，问我："为什么我们是白天，别的地方就是晚上？"

我先问她："你觉得白天和晚上的区别是什么？"

她不假思索地说："白天有光，晚上没有光。"

我给她拿来了地球仪和一只手电筒，跟她说："假设这个手电筒是

第七章
纸上得来终觉浅——体验比告知更重要

太阳，它发出光线，照在地球上，你看看，哪些地方是白天，哪些地方是晚上。"

嘟嘟接过手电筒和地球仪，自己玩了一会儿，兴奋地跑过来："我知道了，地球是圆的，太阳照到的地方就是白天，它的反面是晚上。"

我表扬她真棒。

她用小手拨动地球仪，进一步解释给我听："地球会转的，它转着转着，原来被太阳照到的地方转到太阳背后，白天就变成晚上了。"

这件事让我大为惊讶，4岁的孩子，通过一只手电筒和一个地球仪，自己弄清了白天晚上的区别以及地球自转的问题。

如果我在她一开始发问时就直接告诉她答案，或许她能得到知识，却会丧失自己探索求知的机会，也不容易建立起自信心。

爱因斯坦说："学会独立思考和独立判断比获得知识更重要。"

曾获国际数学奥林匹克铜牌奖及亚太数学奥林匹克银牌奖的林英豪同学，从小父母就给了他许多思考能力的训练机会。强烈的好奇心驱使他经常问个不停，他的父母通常并不会直接给他答案，而是针对他的提问，启发诱导他自己思考，通过巧妙安排，培养他的思考能力。

孩子遇上难题向父母求助，这是孩子的天性。父母如何做，则决定了孩子未来能否变得优秀。

有些父母因为忙着家务、忙着自己的事，想赶紧把孩子打发走，经常是没等启发孩子思考，就直接告诉孩子答案。这样看似省事，其实孩子并没有学会解决问题的真正方法。渐渐地，孩子的思考能力和解决问题的能力就会越来越弱。

这样培养出来的孩子，遇到问题会畏首畏尾，习惯性地依赖家长，不会独立思考，也对自己的思考没信心，甚至将来变成一个怯懦、优柔

父母强大了，孩子才优秀：
改 变 孩 子 先 改 变 自 己

寡断和犹疑不决的人。

　　常有家长抱怨孩子不爱学习、成绩差，却没有反思，很多时候就是因为我们的敷衍了事，阻碍了孩子学习能力的发展，才使得孩子不会思考、不爱学习。

　　当孩子遇到不会的问题并追问父母时，父母可以根据问题内容进行提示性的发问，如"这两者有什么关系？""你觉得怎么做会更好？""如果我们换个角度思考，是不是可以这样？"等，引起孩子的思考。当孩子在想问题时，父母应留给孩子足够的思考时间，不要孩子一想不出来就轻易地把答案告诉他。只有这样，才能把孩子的思维不断引向深处。

- 孩子会探索世界出现的一切，从不知到知，从孤立的到能把事物联系起来。
- 不要急于告诉孩子答案。鼓励孩子大胆探索，独立思考。这是能让他受用一生的品质。
- 孩子答错时，可用提高性的问题帮助他们思考，启发他们自己去发现和纠正错误。

三、帮助孩子体验快乐的心情

　　嘟嘟两岁半开始哮喘发作，此后不断发病，一发作就喘不上气，我们带着她踏上漫长的求医之路，大人累，孩子更不快乐。

　　最初的一年里，每一次发作，她都泪眼汪汪，一脸痛苦。我们想了许多办法帮助她恢复往日的笑脸，买过无数玩具，讲过无数故事，也翻阅了大量心理学书籍，最后发现，最简单有效的方法是与孩子谈论、回

第七章
纸上得来终觉浅——体验比告知更重要

忆那些快乐的事情。

有一次她发作得特别迅猛,哮喘并发急性支气管炎,医生说必须吊水,否则将会转肺炎。吊水很难受,我看她即将哭出来,看动画片、讲故事都不管用了,立刻问她:"嘟嘟,前天你在公园里玩了很久的沙子,都不舍得回家,沙子一定很好玩吧?"

她喘得厉害,说不出话,只轻轻点头,露出回味的表情。

我慢慢跟她回忆前天玩沙子的细节,垒了一个沙堡啊,在上面插了一朵小花啊,跟小朋友们一起往沙子上浇水啊……

她听着听着,泪眼渐渐转成笑眼,微笑越来越大,然后带着笑容睡着了。那一刻,生病的痛苦似乎离她远去,久违的笑容终于再现生机。

自那之后,我们便时常与她谈论那些让她愉快的事情。比如,去过野生动物园之后,她非常喜欢里面的马戏表演,于是我们在接下来的几天里,每天睡前都抽几分钟跟她一起回忆马戏表演的精彩瞬间。每次回忆起动物们可爱的样子,她就会边学小熊扭腰,边对我们说:"真开心,去动物园真开心。"

其实去动物园那天她遇到了好几件不开心的事:狠狠摔了一跤,腿上一大片乌青;心爱的玩具坏了;动物园里人太多,排队花去太多时间,以至于鸟类馆没看到……但是由于我们一直在跟她谈论开心的事情,她快乐的印象无形中被强化,而不愉快的事情被淡化,她就觉得那真是快乐的一天。

孩子的感官比大人灵敏许多,最简单的唱歌、打滚、触摸柔软的东西或是玩沙玩水,都足以让他们手舞足蹈。如果我们能留心那些让孩子开心的事物,并常常与孩子谈论这些愉快的事情,孩子这种快乐的印象

父母强大了，孩子才优秀：
改变孩子先改变自己

就会被强化，从而保持愉悦的心情。

　　此外，与孩子讨论他的快乐，还能使亲子关系更亲密。当我们在和孩子谈论那些快乐的事情时，可以将一些细节说得具体些，让孩子知道父母特别关注他，连他最细小的快乐都看在眼里，他就会有一种被父母全心全意爱着的感觉。

- 快乐是一种积极的情绪体验，是否拥有快乐的情绪，对孩子的身心发展有着重要的意义。
- 对于幼儿而言，他可以感觉到快乐的情绪，但他常常不能对这种感觉进行清晰的界定。父母可以帮助孩子强化快乐的概念，加深他对快乐的感受。
- 孩子经常与父母谈论快乐的事情，会感觉自己是个快乐的人。
- 睡前和孩子讨论一天中的快乐事，让孩子记起快乐时刻，孩子睡觉时就可以做个美梦，父母也可以更加了解孩子的世界。

四、带孩子旅行的意义是什么

　　当巨大的地球成为"地球村"，了解世界似乎成了孩子们的必修课。前不久，由美国政界、商界与学术界领袖组成的"美国新劳动力技能委员会"把"了解整个世界"列为孩子必备的四种"21世纪技能"之一。

　　我们的老祖先说，读万卷书，不如行万里路。哈佛大学的某任校长也曾说过，一个人生活的广度决定他的优秀程度。现如今，越来越多的父母认识到扩展孩子眼界的重要性，利用寒暑假带着孩子走出家门，马不停蹄到处去旅行。

第七章
纸上得来终觉浅——体验比告知更重要

带孩子多出门走走看看，当然是很有好处的。简单说来，至少有以下几点：

第一，旅行能让孩子了解世界。当孩子来到一个陌生的地方，品尝着从未见过的食物，欣赏着美轮美奂的建筑，体会着与日常生活截然不同的风土人情……必然会给孩子带来巨大的冲击。他们的感官会得到充分刺激，胸怀也会更加宽广，他们会明白人与人之间的不同，并懂得尊重、包容彼此的不同。

第二，旅行能提升孩子的能力。如果父母不是事事包办，而是让孩子在旅行的过程中自己背包自己走，自己动手自己做，那么，孩子解决突发事件的能力、与当地人交流沟通的能力，必然都能得到极大的发展。甚至，哪怕他什么问题都遇不到，单是在陌生喧闹的人群中鼓起勇气去听、去看、去感受，这本身就是一种成长。

第三，旅行能让孩子认识自己。在一个陌生的环境中，人的优缺点都会表现得格外突出，这无疑可以让孩子更加清楚地认识自己。

然而，这只是理想状态下的旅行结果。

事实上，很多父母带孩子旅行，会发现孩子表现得并不高兴，也并没有收到父母希望的所谓增长见识的效果。

那么，我们是否想过，究竟为什么会这样呢？带孩子旅行的意义到底是什么？

有一个家长，从孩子半岁大开始带孩子国内外到处玩儿。朋友问她，带孩子旅行的意义是什么？她飞快地复制了一段网上的话回复朋友："当一个人，在旅途中看到各式各样的生活，自然会思考，别人为什么要这么活，我自己应该怎么去活。旅途所遇与内心的所思结合起

父母强大了，孩子才优秀：
改变孩子先改变自己

来，明亮了眼眸，充盈了精神，体验了生命，改变了人生——这就是旅行最伟大的意义。"

真的如此吗？我们有没有想过，"别人为什么要这么活，我自己应该怎么去活"，这真的是孩子尤其是幼儿在旅行中会思考的问题吗？

嘟嘟两岁开始，我们也像其他父母一样，每年带她出门旅行。

4岁那年，我们带她去海边，她非常喜欢，每天带着全套沙滩工具，蹲在沙滩上玩沙玩水，玩累了就套上救生圈去海里漂浮，十分快活。

我们看她那么开心，于是问她："这里好玩吧？"

她正忙着往沙子上浇水，头也不抬："特别好玩，比公园里的沙池还好玩。这里有水，公园里没有。"

我们继续问她："你觉得这里漂亮吗？你抬头看看，蓝天白云椰子树，多美啊。"

她边以手拍沙，边心不在焉地回答："家里也有蓝天白云，还是沙子最好玩。"

在她心中，这里好玩，只是因为有沙和水。

之后的若干次出行，我们发现，她对那些我们觉得美的东西常常毫无感觉，她的兴趣在于蹲在沙堆边玩一下午的沙子、蹲在路边看一早上的蚂蚁、去儿童公园坐小飞机小火车等。

从儿童心理角度说，学龄前的幼儿，无论她去哪里，最想去的始终是游乐场。他对名胜古迹、异域风土、别样人情的兴趣，绝不会大过游乐场，也不会去思考"别人为什么这样活，我应该怎样活"这种高深的问题。父母逼着他看、听、想，回来以后还要他说出点感想，这不是带孩子玩，这是逼孩子厌恶旅行。

第七章
纸上得来终觉浅——体验比告知更重要

孩子到底能从旅行中看到什么，我们也许不能尽知，但有一点是肯定的：他眼中的世界与大人的截然不同，大人认为的美好与孩子心中的美好是两回事。大人想当然地以为孩子会在异域中观察人生、体悟生命、思考人生的意义等，这纯粹是站在大人的角度在看问题，与孩子的世界半点关系也没有。

此外，很多时候我们带孩子出去，住的是全世界雷同的标准化房间，去的是人工痕迹越来越重的景点，吃的是专门做游客生意的所谓推荐餐厅，接触到的当地人、当地生活极其有限，匆匆把孩子从一个景点拉到另一个景点拍照留影……这些，真的能算是有意义的旅行吗？

这种但求留下"到此一游"照片的走马观花式旅行，这种直到我们离开这座城市、这个国家，还觉得此地一片陌生的旅行，除了带来身体的疲惫和心灵的浮躁，还能带来什么？能让孩子觉得快乐吗？能引发孩子对人生、世界的思考吗？

怎样才算对孩子而言真正有意义的旅行呢？

首先我们要问问孩子，他想要去怎样的地方。如果孩子最大的喜悦来自于草地上打滚、后山上捉虫、小溪边玩水，父母不妨多带他在自然中走走，而不要强行带着他去看那些人文景观。如果孩子的目光不止于自然，我们可以购买世界地图，或者教他通过看书搜集资料，找到自己最感兴趣的地方，大家一起讨论决定旅行目的地。这样也能顺便增加孩子对地理知识的了解。

一般而言，学龄前的儿童更喜欢儿童乐园和大自然；至于对人文景物的感受与认知，要到他对人生有体察之后才会产生。所以我们可以在孩子幼年时多带他去自然风景地，激发他对自然与生命的热爱；等他大

父母强大了，孩子才优秀：
改变孩子先改变自己

到可以感受人文之美时，再带他去人文胜地。

  旅行中，我们要在孩子力所能及的范围内，让他承担自己的行李和事情，千万不要孩子两手空空，家长大包大揽。让孩子自己背包、自己做事，不仅能够培养孩子的自理自立能力，还有助于培养孩子的责任意识。

  当孩子停下脚步观察时，我们不要为了赶上前面的景点而一味催促孩子"别看了，快点走"。途中，我们要少拍走马观花的景点照，多拍本次旅行难忘的瞬间，比如孩子自己背行李的照片，孩子热情帮助他人的照片，孩子第一次主动与陌生人交流的照片……这些才是他在旅行中真正的收获。与孩子一起常常翻看这样的照片，能够激发孩子下一次做得更好。

  如果真想让孩子感受不一样的风土人情，让孩子体验"别人为什么这样活"，最好不要选择"看景点"式的旅游。不妨带孩子到当地小住下来，不去景点，而是坐上公交车，去超市、菜场、胡同小巷；让他结交几个当地小朋友，每天一起玩儿；带他在护城河边发呆，在城墙脚下跟人聊天……只有这样，他看到的才不是人为制造的"景点"，而是真正的生活。

  在旅行途中，父母也不妨给孩子准备一本空白的本子和几只彩色笔，让孩子在上面随意写写画画。他会愿意把他在旅途中看到的、想到的东西通过想象加工，传递到这个本子上，成为他人生中观察力、想象力、创造力的珍贵合集。

  旅行归来后，父母也可以和孩子一起进行创作。与孩子一同挑选他本次旅行中最满意的照片，把这些照片打印出来做成照片书，每张照片由孩子口述故事，父母记录在书上，这样既可以锻炼孩子的观察能力、表达能力，又可以为他定格美好瞬间，方便下次唤起快乐回忆。

第七章
纸上得来终觉浅——体验比告知更重要

- 孩子的喜好与大人不同，大人喜欢的地方未必适合孩子，不要把自己的愿望强加于孩子身上。
- 给孩子安排不适合他的旅行，还不如带他去附近山上走一走。
- 当孩子蹲在路边仔细观察的时候，与其拉起他匆匆赶往下一个景点，不如陪他一起认真观察思考。
- 真想让孩子了解世界、体验生命，就不要安排走马观花、到此一游式的旅行。
- 旅行最大的意义不是体验世界，而是让孩子更快乐。玩得开心就是赢。

五、自然是最好的老师

美国西南部生活着纳瓦霍人，这是美国印第安土著居民中人数最多的一支。纳瓦霍人居住的地方四面环山，他们将这四面山奉为神山，称这片土地为"四角之地"。纳瓦霍巫医曾说："记住你眼前所见，把目光停在一处，记住它的样子。在下雪时观察它，在青草初长时观察它，在下雨时观察它。你得去感觉它，记住它的气味，来回走动探索山岩的触感。如此一来，这地方便永远伴随你。当你远走他乡，你可以呼唤它，当你需要它时，它就在那儿，在你心中。"

自然，是人类的心灵故乡，是人类灵魂的最后回归之地。从小带孩子亲近自然，是帮助孩子回归内心纯净美好的最佳方式。

从教育儿童的角度说，自然是孩子最好的老师。

很多在城市中长大的孩子，长期远离大自然，对大自然中的事物一

父母强大了，孩子才优秀：
改 变 孩 子 先 改 变 自 己

无所知。而他们的父母常常觉得只要学习成绩好就行，能否接触大自然、是否热爱大自然并不重要。这是一种完全错误的想法。

卢梭说："教育是人、经验与自然的组合。"很多成功者都喜欢亲近大自然。大自然不仅能引起他们的好奇心，增强他们的想象力，更能激发他们的创造性，比如牛顿在苹果树下发现了万有引力，达尔文在与昆虫打交道中成为生物学家……

大自然是人们获得聪明才智的源泉，也是培养人们获得生存能力的基地。在直接观察大自然的时候，孩子看到的，远远比平面的图片或者隔着屏幕的电视、电脑来得印象深刻；在与大自然面对面的互动中，孩子思考的，远远比自然科普读物中介绍说明的内容更丰富多彩，更具有想象力和创造力。

正如台湾荒野保护协会荣誉理事长李伟文所说："这种真实面对生命的律动才具有原发创造力。虽然没有卡通繁复的画面与声光效果，可是孩子反而感受更深，就有点像是孩子玩结构精巧的电池玩具，往往没多久就厌烦并丢到一旁，但是对于积木或乐高却可以百玩不厌一样。"

可惜的是，随着城市的不断扩张，我们离自然越来越远，能观察到自然的机会也越来越少。长期远离大自然，人类的很多天赋与灵感甚至生存智慧都已日渐衰微。

美国作家理查德·洛夫在《丛林中的最后一个孩子》一书中，提出一个概念——自然缺失症。他为孩子们被高科技所包围，丧失了亲近自然的本能而感到悲伤。

面对此种情况，一方面，父母可以多利用假日带孩子去自然中走走看看，孩子幼时的旅行也可以多安排自然景观胜地；另一方面，父母不妨充分利用周围环境，引导孩子关注身边的自然。

第七章
纸上得来终觉浅——体验比告知更重要

即使住在城市里，我们也可以带着孩子进行自然观察。比如引导孩子观察家门口小公园内的各种昆虫、小区内的落叶乔木与四季花朵、长街上的行道树与灌木丛，一年四季不断地去观察，去记录，这里也就会成为孩子亲近大自然的"后花园"。

我们惋惜地看到，有很多父母认识到了让孩子在自然中成长的必要性，却常常以错误的方法引导孩子。这些父母，利用周末或假期，带着孩子像朝觐一样走近大自然，教育目的无比明确，"为了孩子丰富知识"，结果反倒让孩子无法亲近自然。

我们曾经带着嘟嘟参加过一次野生动物园的亲子活动。解说员在前方耐心讲解着动物的名称、种类、习性……一群五六岁的孩子在动物园里兴奋地叽叽喳喳，每只动物都能引起他们的欢呼与尖叫。一片欢乐声中，却有一位妈妈隔一阵子就问孩子一句："刚才那个是什么动物？原本生活在哪里？"语气之严肃、问题之详细，犹如考试的试卷。孩子如果能够准确回答出来，这位妈妈就会给出一点满意的笑容，摸头夸奖一句。一旦孩子答不上来，她立刻板下脸来训斥："刚刚讲过就忘记了，这么不用心，怎么学习？"

像这样的教育方式，怎么可能让孩子喜欢动物，亲近大自然？估计孩子心里恨透了生物种类的丰富性吧？

- 人从大自然中走出，大自然本身就是孩子最好的老师。
- 效法自然，回归自然，是教育的大智慧。在体验自然中成长，是孩子走向健康人生的保障。
- 选择家门口的自然角，在相同的地点、不同的时间，带孩子观察这一处自然角四季的变化。即使只有一棵树、一株花、一只昆虫，也

父母强大了,孩子才优秀:
改变孩子先改变自己

能成为孩子观察自然的窗口。
- 对于孩子的成长,我们往往不只欠缺条件,也欠缺观念。引导孩子观察自然,是为了让孩子亲近自然、爱上自然,而不是功利地"求知"。

第八章
爱读书的孩子更聪明——亲子阅读，越早越好

一、阅读，未来竞争力的基础

教育家苏霍姆林斯基说："30年的经验使我深信，学生的智力发展取决于良好的阅读能力。缺乏阅读能力，将会阻碍和抑制脑的极其细微的连接性纤维的可塑性，使他们不能顺利地保证神经元之间的联系。谁不善阅读，他就不善思考。"

OECD（经济合作发展组织）在学生评量计划报告中指出：国家最大的投资，应该放在国民阅读能力的建立上。

美国所有小学最重要的一个学习指标就是阅读能力的评比。从国家到学校再到家庭，用尽所有方法以培养孩子阅读的习惯。

毫不夸张地说，阅读是心智发展的关键因素，也是所有学习的开始。阅读，关乎个人竞争力，也关乎国家实力。

《国家语文课程标准》明确规定：小学生课外阅读总量不少于145

父母强大了，孩子才优秀：
改 变 孩 子 先 改 变 自 己

万字，背诵优秀诗文160篇段；初中学生要制订自己的阅读计划，广泛阅读各种类型的读物，课外阅读总量不少于260万字，每学年阅读两三部名著。按此规定，孩子在义务教育阶段大约应读完400万字课外读物，每天阅读时间至少保持一小时。

从数量和时间看，这个阅读标准其实并不高，然而调查数据显示，目前我国中小学生实际阅读量远远低于这个数字。有人说，原因是学业压力太大，没有时间看书。然而调查数据同时显示，小学生阅读时间远比看电视和上网的时间少。有空看电视、上网，没空看书？

显然，没时间只是一个借口。真正的原因是，孩子没有兴趣读书。孩子为什么没有兴趣读书？很大一部分原因是父母在早期没有培养他的阅读习惯。

家长们一定有过孩子缠着自己讲故事的经历。事实上，每个幼儿都喜欢听故事，都喜欢看书。如果有孩子表现出抗拒故事抗拒书，那一定是父母没及时给他讲故事，没陪他阅读，以至于孩子阅读的兴趣被其他东西（比如看电视）取代，错过了启蒙阅读的最佳时期。

研究表明，很少获得阅读熏陶的孩子，即使他们在小时候表现得聪明伶俐、成绩优良；但由于他们只储备了很少智力能源，往往在10多岁后，会表现得"后继乏力"，学习越来越吃力，综合素质越来越下滑，最终无法成为优秀的人才。

而热爱阅读、有广泛阅读量的人则不然，他们起初可能跑得并不快，但他们有深厚的累积，就好像长途跋涉中带着充足的食物和水，终能厚积薄发，轻轻松松走到前列。

阅读的意义不仅仅在于让孩子成绩更优秀，它更大的价值在于为孩

第八章
爱读书的孩子更聪明——亲子阅读,越早越好

子打开另一扇大门,让孩子看到完全不一样的世界,充实孩子的经历,增长孩子的眼界。深入书的世界,他们能够一步一步地去发现这个世界是何等广大恢宏,何等气象万千和令人幸福神往。对于每一位真正的阅读者来说,这无尽的书籍世界都会是不同的样子,每一个人将在其中寻觅并且体验到他自己。

父母与其给孩子看电视、玩手机、上网,不如带他去书店里看书、买书,那才是真正的让孩子获得教养的途径。

- 不重视幼儿阅读,是儿童早期教育中最糟糕的行为之一。
- 阅读可以丰富孩子的心灵世界,提高他们的认识水平。阅读,是一个孩子获得教养的最佳途径。
- 没有不爱阅读的孩子。大孩子不爱阅读,往往是因为小时候家长、老师没能调动起他的阅读兴趣。家长一定要早早培养孩子的阅读兴趣,让孩子把阅读当成与吃饭一样不可或缺的日常生活的一部分。
- 一个不爱阅读的人是浅薄的,一个不爱阅读的家庭是无趣的,一对不引导孩子阅读的父母是失职的。

二、阅读是一种习惯养成

教育学家杜威曾说:"读书是一种探险,如探新大陆,如征新天地。当我们看着孩子看书的时候,似乎可以感觉到在那桌灯所照射的小小光圈中,他们正在进行着一场丰富的生命之旅,也正准备着面对人生种种的挑战。"

我相信,大多数父母都能充分认识到阅读对孩子的重要性。让他们

父母强大了，孩子才优秀：
改变孩子先改变自己

头疼的是，如何才能培养孩子的阅读兴趣与习惯。

对孩子来说，心血来潮读一篇故事不难，难的是愿意每天阅读。

随着孩子年纪愈大，外在事物的诱惑越来越多、功课的压力越来越大，甚至在不断地补习与考试之下，孩子根本就丧失了对阅读的热情。还有些家长或者学校，只以成绩单上的数字作为评价孩子的指标，一味催促孩子读教科书，限制孩子读课外书，孩子于是彻底丧失了阅读的乐趣，丧失了独自沉醉于书中，精骛八级、神游宇宙的心灵冒险之乐。

诺贝尔文学奖获得者黑塞说："每一年，我们都看见成千上万的儿童走进学校，开始学写字母，拼读音节。我们总发现多数儿童很快就把会阅读当成自然而无足轻重的事，只有少数儿童才年复一年，十年又十年地对学校给予自己的这把金钥匙感到惊讶和痴迷，并不断加以使用。少数人就将成为读书家。"

如何才能让孩子成为对阅读"惊讶和痴迷，并不断加以使用"的人呢？

阅读的兴趣与热情越早激发越好。在孩子1岁以前，父母就可以每天给他读故事，不必担心他听不懂。1岁到3岁这段语言与阅读发展的关键期，最好能每天抽出一些时间陪孩子亲子阅读，让孩子觉得听爸爸妈妈讲故事是一天中最开心的事；还可以买一些绘本，让不识字的孩子先被图画中优美的场景吸引住，自己展开联想，主动追问父母书中故事。那么，在将来他能自己识字读书的时候，就会自然而然地喜欢上读书。

从家庭环境说，要想养成孩子爱阅读的习惯，我们首先要给孩子营造一个阅读的氛围。

如果可以，请给孩子布置一个处处有书的家庭环境。就算有书房，

第八章
爱读书的孩子更聪明——亲子阅读,越早越好

也最好不要把书齐整地放在书柜里,而是把孩子感兴趣的书散放在家中的各个角落里,让孩子目光所及、伸手可得的除了书还是书。这样他才会有兴趣随时拿起一本书开始阅读。

同时,父母是孩子的典范。如果我们能够以身作则,在家时间多看书,孩子也会乐于看书。

相反,若父母整天盯着电视看、拿着手机玩、对着电脑打游戏,却要求孩子静下心来阅读,这怎么可能?

节假日的时候,父母要多带孩子一起去书店选购图书。当孩子处在书店的环境中,他会像走进藏宝洞的阿里巴巴那样兴奋。由孩子自己通过翻阅、寻找来确定要买的书籍,会是对他阅读热情的一种极大的激发。

曹文轩曾说:"一个人读书的兴趣应该是从童年开始的,童年中你没见到好书,你一生很难培养好真正的读书兴趣。"

早一些让孩子亲近书籍,让他们感受到图书之美,对于孩子日后成长为健全的社会人、拥有完善的个性人格,有很大的帮助。希望每一位家长都能高度重视孩子阅读习惯的培养,让我们的孩子都能成为爱读书的人。

- 孩子阅读的乐趣能不能保持下去,与父母的耐心和热情有极大关系。
- 父母少玩手机电脑多读书,家中书籍随手可触,孩子就会比较容易喜欢上读书。
- 无论什么事,有热情,才能持续。父母应不断激发孩子的阅读热情,培养孩子的阅读习惯。

父母强大了，孩子才优秀：
改 变 孩 子 先 改 变 自 己

三、亲子阅读，让父母与孩子靠得更近

爱读书的犹太人说："书是有生命的东西。"据说，他们常常在经典图书上涂上蜂蜜，让不识字的孩子去亲吻，以此让幼儿们觉得，书是甜蜜的东西。

且不说阅读与写作能力，孩子从还不识字时候起，就由父母陪着亲子共读，是非常可贵的人生体验。一方面，通过亲子阅读，父母可以与孩子成为无话不说的好朋友；另一方面，通过亲子阅读，父母能将书中的思想精华传承给孩子，让孩子感受到阅读之美，在孩子身上感受到新的创意与活力，并进一步反作用于塑造子女的人格。可以说，亲子阅读既可以促进孩子的大脑发育，又可以让父母与子女的感情更融洽。

每个孩子的阅读口味、欣赏能力不尽相同，

为了配合孩子的能力需求，父母必须尊重孩子的喜好，根据孩子的年龄、阅读能力与阅读兴趣来选择不同的图书。如此，我们才能与孩子进行愉快的阅读，让亲子阅读成为幸福的回忆。如果我们给孩子选择的书，孩子看不懂、不喜欢，他就无法感受到听故事的快乐，甚至会对亲子阅读产生反感。因此，选择适合孩子的书是非常重要的。

在选择书籍的过程中，我们要先了解每个年龄层的发展特质，根据不同年龄分层来选择书籍。在孩子1岁左右，可以为孩子选择认知图画书，以引导孩子认识世间万物；稍大一点，则可以选择游戏图画书、故事图画书，以激发孩子的想象力；到了幼儿园中班以后，可以开始选择图文结合的科普读物，让孩子增长知识面，了解世界的构成。

不同心智年龄层的孩子阅读口味不同，不同性格与爱好的孩子阅读

第八章
爱读书的孩子更聪明——亲子阅读，越早越好

口味同样各异。所以我们必须对孩子的心智、爱好、兴趣有充分的了解，结合孩子的成长经历与个性，为孩子挑选合适的书籍。如果可以，请带孩子一起去书店，由他自己来选择感兴趣的书籍。

只有让孩子从最喜欢的图书开始阅读，才能引发他对于阅读的兴趣，感受阅读之美。

有时候，我们会很困惑，孩子总是喜欢让我们不断重复读某一本书，百听不厌。有些父母不了解孩子的心理特性，便会劝说孩子换本书，不要老是重复；甚至还有家长斥责孩子记性不好，才会反反复复听同一本书。这实在是误解了孩子。要知道，不断重复同一件事正是儿童早期学习的主要特征。孩子通过一次次地重复探索，积累经验，在阅读中也是如此。通过一次次地阅读，孩子们在不断增加他们对书本内容的体验与理解。表面上看来相同的阅读，经过儿童想象力、理解力的加工，反映在儿童头脑中时，细节次次不同，感受逐渐加深。

因此，当孩子提出反复阅读同一本书时，父母应该有足够的耐心陪着他阅读。

对于7岁以前的孩子而言，绘本是很好的选择。

绘本常常透过奇妙鲜活的图像、生动有味的语言，呈现世界万物的潜在美质，开启孩子的心灵之眼，借以传递真善美，提供阅读乐趣和艺术美感，是幼儿认识自我、人际互动、探索世界的最佳媒介之一。

绘本最大的妙处在于能让孩子快乐读书。幼儿的思维是一种具体形象性的思维，是一种表象的思维，而绘本以画为主，字少但画面丰富，以画传达故事情节，符合孩子的思维特点，比一般纯文本更符合儿童早期阅读的特点和习惯，即使不识字的幼儿也能通过图画进入故事世界，

父母强大了，孩子才优秀：
改 变 孩 子 先 改 变 自 己

并从中发现乐趣。

经典绘本大都由著名艺术家所画，既有色彩、线条、构图的美，又有语言、韵律和故事情节的美，具有很高的审美价值。有意识地让孩子看、听、触这些画面优美、故事生动、情韵动人的绘本，不仅能提高孩子的审美水平，更能促进孩子想象力与创造力的发展。

在亲子阅读的过程中，我们能发现，孩子听故事的时候，常常试图用他们的已知事物，去比喻、解释书中的未知事物，以此把陌生的知识纳入自己的认知领域。从心理学上说，这就是"建立思维联系"的过程。

比如，有一次嘟嘟爸爸带着嘟嘟去湖边散步。湖边伫立着"春晖三贤"的人物铜像，铜像前的碑文上写有三位贤者的生平介绍："陈春澜（1837—1920）……"

嘟嘟指着碑文问爸爸，上面的字是什么意思。

嘟嘟爸爸解释："中间那位爷爷叫陈春澜，1837出生，1920去世。去世就是死了……"

爸爸还没说完，嘟嘟抢着说道："哦哦，我知道了，这位爷爷是晚上死的。"

嘟嘟爸爸大为奇怪："为什么是晚上死的？"

嘟嘟指着"1920"后面的半个括号，理所当然地说："因为后面有个月亮啊！"

这件事很好笑，但是这正反映了孩子的认知过程：他们总是企图用他们的已有认知来解释未知事物，以此建立他们与世界的联系。所以我们也可以看到，孩子天生就喜欢比喻句，也天生就擅长使用比喻句。他们的比喻方式，通常是把不熟悉的东西比作熟悉的东西，或者是用熟悉的事物甲去比喻熟悉的事物乙，比如很多孩子都曾说过"月亮像香蕉"之类。这正是利用比喻，以已知联想、解释未知的典型表现。

一旦孩子开始这样做，说明他的语言表达能力、思维能力都在飞速发展，我们一定要抓住机会，多多与他进行亲子阅读，通过书中的大千世界，丰富孩子的眼界，拓展孩子的认知。

- 对亲子阅读而言，若想让孩子感受到阅读之美，找到适合孩子的图书是前提。
- 千万不要因为某些书比较知名，或认为哪些类型的书对孩子有益，而一味地强迫孩子去阅读。如果孩子缺乏兴趣，即使再好的书也没用，反而会伤害孩子的阅读热情。
- 对宝宝来说，即使是同一本书，每一次的阅读都能产生不同的感受。
- 在孩子小的时候，为他选择一些优秀的绘本，会带给他意想不到的美好体验。

四、亲子阅读中的常见误区

亲子阅读的习惯培养中有很多常见误区，我们做父母的一定要留心。

1. 识字等于阅读

许多家长从孩子很小的时候就开始买识字卡片，下载认字软件，沾沾自喜于三四岁的孩子成了识字上千的天才，将识字量与阅读能力等同起来。这实际上是走入了一个误区。

阅读虽然与识字有关，但是识字并不等于阅读，能识字更不等于爱阅读。

父母强大了，孩子才优秀：
改变孩子先改变自己

认字和读懂是两个方面的问题。前者只要认识字即可，后者则是综合理解的问题。即使读物中所有的字孩子都能认得，但字与字组成不同的词，相同的词放在不同的句子背景中表达不同的意思，孩子常常不能完全理解。

更重要的是，能识字并不等于爱阅读。有些孩子能认识很多字，也能知道字词的意思，但他对阅读并无兴趣，一读书就头疼，那他即使认识再多的字，也不可能成为一个优秀的人。

有些父母陪孩子读书，唯一要求就是孩子大声把一个故事读完。于是孩子"迫不得已"抱着一本书吭哧吭哧念完，表面上看读得毫无错误，其实他是否读懂了呢？不一定。他认识字，读完书，不代表他就有了领悟和思考。而没有领悟与思考，不投入感情的阅读，必然不能激发孩子的阅读兴趣，也就不能让孩子保持阅读的热情与习惯。

识字量只是阅读的一个前提。孩子在识字中，成就感来得容易，几乎是认识一个字就能立刻产生成就感。阅读则不同，当简单的词句排列组合成一个个故事，孩子需要对文字进行感知和理解，才能对故事中的场景、人物、情节、情感有所认知。也正是基于这些认知，孩子的阅读能力、理解能力、形象思维能力、独立思考能力才能得到有效提升。

2. 用口语代替书中原文

嘟嘟1岁不到，我给她买了很多绘本故事，每天晚上给她读故事。

在读故事的过程中，我参考了大量的教育学、心理学书籍，得出结论：给孩子读故事，应该尽量用书中的原文（书面语），而非抛开原文大量使用家长自己的口语。于是我在一开始读故事的时候，就是有感情地读出原文。

第八章
爱读书的孩子更聪明——亲子阅读，越早越好

嘟嘟大约两岁的时候，迷上了《猜猜我有多爱你》和《是谁嗯嗯在我的头上》这两本书，每天都要让我给她读一遍，百听不厌。在读故事的过程中，我一直给她读书中的原文。大约过了两个月，她能够把这两个故事一字不差地复述出来。而当时，她并不识字。

随着她迷上的书越来越多，渐渐地，我发现她能够认识一些字了，那些她痴迷过的书中的文字，即使比较复杂，她也能认得出来。于是我明白了，她的认字始于对照书中原文复述故事。

再后来，我发现她的词汇量飞速增长，经常使用一些听过的书面语言准确表达意思。这些都与我们一开始就用书面语读故事有密切的关系。

当然，总有些书面词语她不明白意思，这时她总会很有兴致地问我："这个词是什么意思呀？"然后我才会用通俗易懂的口语来进行解释。词语解释过几遍之后，孩子就能明白词语的意思，并掌握这个词语的用法了。

做父母的常常担心，孩子无法听懂纯粹书面式的语言，所以在读故事的时候，总是想要把书中的原文转换成日常口语说给孩子听。其实并没有必要。

对于一个刚刚开始学习语言的孩子而言，书面语和口语是同样的难度，并不会觉得谁无法理解。我们最初给他的大脑中留下了怎样的语言形式，他就接受什么。

书中的原文常常比我们的口语要优美，词汇量也更丰富，对孩子词汇语言的积累大有好处。如果我们总是转化成口语，孩子能学会的，不过是我们贫乏而有限的那几句话、那几个常用词。

坚持读书中的原文，而非每次都有细微差别的口语，孩子也更容易

父母强大了，孩子才优秀：
改变孩子先改变自己

复述出故事。此后，他就能对照着书，自己认识书中的文字。

以书面语做亲子阅读，表达上虽不及口语灵活多变，但因语法结构较严密完整，小朋友对句式的了解较好，对他们将来书写表达或运用方面有所帮助，他们将来就更容易学习书面语的句式和用词，而这也是训练他们独立阅读的重要过程。

从激发孩子兴趣的角度说，孩子天生喜欢新鲜事物，书面语的丰富多彩能极大激发他们听故事的兴趣，遇到听不懂的词语，他们常常会兴致勃勃地发问；而若总是转化成口语讲故事，来来回回那么几个常用语，孩子很快就会失去兴致。

3. 阅读功利性太强

有些父母在亲子阅读的过程中，过分注重孩子"学到了多少"，孩子刚刚听完一个故事或者读完一本书，就开始像考试一样考问他，要他复述出情节，要他说出书中人物的名字，甚至要他解释出其中几个词语的意思。如果孩子说不上来，就责怪孩子"故事白听了"。这种做法只会让原本爱听故事、爱读书的孩子，变得厌恶读书。

当孩子带着莫大的兴趣等待听有趣的故事，等待父母与他亲密地互动，却发现爸妈把讲故事当作考试，考不出来还会伴随着责骂，他就会下意识地把阅读与"痛苦的任务"挂钩，从而形成条件反射式的厌恶。

我们要明白，当孩子觉得阅读是一件快乐的事情，就像玩玩具一样开心，没有任务，没有责骂，他才会喜欢上阅读。只要孩子爱听父母读故事，就说明这个故事吸引了他，他自然地被这个故事的情节或是语言又或其他东西浸润了。即使他什么都答不上来，也不代表故事对他没有作用。

第八章
爱读书的孩子更聪明——亲子阅读，越早越好

还有些父母，在给孩子读故事的时候，读着读着就会故意停顿下来，用充满鼓励和启发的目光看着孩子，不断抛出问题："新来的小动物叫什么名字？刚刚那个情节中，谁最可爱，谁最聪明？小熊用什么方法吃到了蜂蜜？"孩子若能答得出来，他们就会给予热情的表扬；孩子答不出来，他们也不会批评，只会用充满鼓励性的语言说："宝宝加油哦，刚才的问题还可以再想一想。"

这些父母，表面上看来阅读功利性没那么强，甚至有些人会沾沾自喜于自己是启发诱导孩子的高手，但实际上，他们仍然是在破坏孩子的阅读体验。

孩子的专注力是有限的，当他全神贯注于故事本身，希望我们一起读完时，我们却故意打断故事的连贯性，穿插以提问，只会使孩子不断分心。而被打断、被分心的次数一多，孩子就容易注意力分散，难以培养出专注的品质。从阅读体验说，不停被打断的故事是零散的、碎片化的，很难让孩子形成故事的整体印象。

与孩子交流故事情节、分享阅读体验，当然是非常好的一件事。但是家长要注意掌握方法，不要把听故事当成考试，在读故事的中途停顿、提问。如果真的要考察孩子掌握了多少，可以放在故事讲完之后。

我们可以等一个故事读完之后，再对孩子说："爸爸/妈妈很喜欢故事中的小熊，我觉得它……"家长先谈自己的阅读体验，孩子也会乐意分享自己的听后感受，不断告诉父母"我觉得……"然后我们再进行引导和启发，帮助孩子思考故事、理解情感、加深印象。这样做，孩子既开心，又有收获。

注意，我上面强调的是"被父母打断"，有时候我们会发现，孩子很喜欢在父母讲故事的过程中不断发问，打断故事的讲述。要明白，这

父母强大了，孩子才优秀：
改 变 孩 子 先 改 变 自 己

与父母的停顿并发问完全是两回事。孩子的发问，恰好说明他的所有注意力集中在故事的讲述上，他在听故事的过程中有所得、有所感、有所思，故而有所问。我们切勿阻止孩子在听故事过程中的发问或发表意见。

- 独立阅读是一项需要培养的技能，需要经过大量的练习，通过阅读去了解意义，并不是让认识的字排列在一起就能实现的。
- 识字和阅读是不能等同的，而阅读之乐趣，不是识字所能替代的。单纯地识字，如果不结合阅读和游戏来进行，就算孩子有兴趣坚持下去，但也少了很多快乐。
- 有感情地直接读原文，远比转化成口语更有益。有些书面语孩子可能无法理解，父母可以先读出书面语，待孩子提出问题后，再用通俗易懂的口语解释给孩子听，帮助孩子掌握生词。
- 讲故事就是讲故事，不要附带太多的解释与教育，更不要有太多的批评或训示。即使是分享感受与心得，也请在读完整篇故事之后。

五、寓教于乐——阅读可以很好玩

读书本来就是一件好玩的事情，孩子的阅读兴趣应当伴随着他们游戏的天性发展。要想让孩子爱上读书，养成终生阅读的习惯，我们首先要让孩子觉得，阅读很好玩。

有些重视亲子阅读的家庭会每天安排固定的阅读时间（大多是晚上上床睡觉前），以此养成孩子固定的作息与阅读习惯。这当然很不错，但是我们还可以做得更灵活一些，让亲子阅读变得不那么"一本正经"，而是更好玩一些。

第八章
爱读书的孩子更聪明——亲子阅读，越早越好

嘟嘟 3 岁的时候，特别喜欢《猜猜我有多爱你》和《逃家小兔》这两本书，两本书都是以兔子妈妈和兔子宝宝对话的方式展开情节，读起来生动可爱，既有情又有趣。

我在陪嘟嘟一起读这两本书的时候，采用了角色扮演的方式，我当兔子妈妈，她当兔子宝宝，我们模拟着书中的对话、动作，像演卡通片那样演完整本书，每次嘟嘟都会格外开心，哈哈大笑。

很快她就能够把兔子宝宝的对白背得一字不差，于是她开始要求她当兔子妈妈，我扮演兔子宝宝。每次当她张开小小的手臂，把我抱在怀中，努力模仿我平时抱她的样子时，我和她都感到了极大的快乐。这是阅读之乐，更是亲子融洽之乐。

除了角色扮演，我们还可以跟孩子一起动手，为孩子做一本他自己的书。

孩子在有了自我意识之后，最关注的、最感兴趣的人物，可能就是他自己，为孩子做一本自己的书，可以让孩子感受到极大的快乐。

我们可以把孩子日常的生活拍下来，冲洗出照片，再把照片贴在色卡纸上，装订成册。然后请孩子说出自己当时在做什么，或者为当时的自己编几个有意思的故事，父母把这些记录在书上。当照片配上文字，孩子会对自己的生活书百读不厌。

当然，我们也可以做其他的书。比如，让孩子自己画画，每张画请孩子编出场景或者故事，父母把文字记录在图画旁边，然后把这些图文并茂的纸张装订起来，成为一本孩子自己创作的绘本。

这样的照片书或者孩子自制的绘本，不仅能激发孩子的想象力和阅读兴趣，更是孩子成长的珍贵记录。等孩子大了，我们再拿出来一起阅读，将是一件非常有意思的事情。

父母强大了，孩子才优秀：
改 变 孩 子 先 改 变 自 己

- 阅读也可以很好玩。孩子越喜欢"玩"阅读，他就越有兴趣深入地阅读。
- 我们可以通过角色扮演，让亲子阅读变得更开心，更容易为孩子所接受。尤其是那些以对话为主的绘本，父母和孩子一起进行角色扮演，会大大提高孩子的阅读幸福感。
- 为孩子做一本属于他自己的书，能让他感到创作的乐趣，也能让他更加热爱阅读。
- 花时间陪孩子阅读，把阅读变成一项有趣的活动，让孩子像玩耍一样开心，这是父母能够为孩子做的最棒的事情。

第九章
从"要我学"到"我要学"——提升孩子的学习力

一、找到兴趣所在,优化学习情绪

不少父母都会为督促孩子用功读书而感到苦恼,总是认为他们学习不积极不主动,有时更怀疑孩子是否天生智商平庸、学习能力欠佳。事实上,儿童的学习能力是与生俱来的。孩子除了睡觉,每一天每一刻都在学习。

相信大家都会发现,两三岁的孩子总爱追问父母"为什么",对外界的一切事物都好奇无比,在喜欢做的活动中会表现得格外积极专注——这些都是孩子积极学习的表现。但是为什么孩子年纪越大,越缺少内在的学习动力呢?

很大一个原因,是孩子缺少学习的兴趣。

我们常说,兴趣是最好的老师。兴趣能引导孩子更积极地学习,这不仅仅有心理原因,也有生理上的原因。

父母强大了，孩子才优秀：
改变孩子先改变自己

对一件事感到乐趣，会使大脑释放"内啡肽"（人体内自己产生的一类内源性的具有类似吗啡作用的肽类物质，也被称之为"年轻荷尔蒙"，意指它可以帮助人保持年轻快乐的状态），它可以改变一个人所有的负面情绪、让人充满活力、改变对自我的认知、变得积极向上。如果孩子对学习有兴趣，能从中获得快乐，他就会在内啡肽的作用下感觉放松、欣悦，并愿意不断重复学习过程，以重复获得这种愉悦的体验。

反之，若父母不能激发孩子的兴趣，只是一味地用斥责、惩罚、强迫等手段让孩子学习，孩子就会形成"学习＝不愉快"的条件反射，从而产生抗拒。

很多孩子上学的理由是"爸妈逼我去"，也就是说，他们学习的动机仅仅源于父母的强制要求。他认为，我不是在为自己学习，而是在为父母学习，这当然无法让孩子产生学习兴趣，也无法感受到学习的快乐。

若想激发孩子的兴趣，我们首先要培养孩子的好奇心。好奇心能引发孩子的求知欲，促使孩子不断接触新事物并想了解得更多，促使孩子不断尝试，不断学习。好奇心是推动孩子主动学习、探求知识的内在驱动力。

可是，很多父母一面说着要培养孩子兴趣，一面却在破坏孩子的好奇心。带孩子上街时，父母有可能会指东指西叫孩子看，但一旦孩子观察得入迷，忘记了时间，又会匆匆拉走他。"不要看太久啊，我们还有其他事呢。"家长常常这样叮嘱孩子。

还有些家长看到孩子拆解玩具、钟表就会批评他"搞破坏"，强硬地阻止他：不许乱动东西，不许胡思乱想。长此以往，孩子就失去了探索的欲望，也就没有了深入学习的能力。

第九章
从"要我学"到"我要学"——提升孩子的学习力

其次,父母应尊重孩子的爱好。孩子喜欢一件事物,才会对这件事物产生兴趣,才会愿意学习相关知识。

现在很多父母从孩子幼年时就抱着"不能输在起跑线上"的念头,千方百计想孩子学得又多又好,给孩子报了无数的"兴趣班",把孩子的节假日安排得满满当当。当然,他们的出发点是为了孩子,孩子多学点东西也的确是好事,但是有没有想过,这些兴趣班里,有几个是孩子真正感兴趣的?

早在两千多年前,孔子便提出因材施教原则。意思是,每个孩子都有自己的不同天赋、个性、爱好,不同的孩子,兴奋点不同。做父母的不应该强迫孩子学这学那,或者不学这不碰那,而应该给孩子自由宽松的空间,让他们自己去选择感兴趣的、喜欢的事。只要孩子感兴趣的事情不是坏事儿,比如打电脑游戏之类,就应该鼓励孩子按照兴趣发展特长。

比如,有些孩子特别爱动手,把家里的闹钟、汽车模型等全部拆开、拼装,乐此不疲。家长若是认为这与学习成绩无关就加以阻止,那么这就是破坏了孩子的兴趣。其实,在动手拆装的过程中,孩子不仅用到了手,培养了精细操作的能力;还用到了脑,他通过记忆物品本身的结构、分析如何拆解与拼装,极大地锻炼了思维能力和统筹协调能力。

许多事实证明,小时候培养的兴趣往往为一生的事业奠定了基础。有些父母对孩子寄托莫大的期望,常常按照自己的主观意愿要求孩子做什么、不做什么,却不尊重孩子自身的学习兴趣,这样往往会延误孩子的发展,浪费孩子的天赋。

再者,若想激发孩子的学习兴趣,我们不妨把孩子原有的兴趣与新知识学习联系起来,运用"知识迁移"来激发新的兴趣。知识迁移,可

父母强大了，孩子才优秀：
改变孩子先改变自己

以沟通知识之间的联系，加深孩子对新事物的理解，激发兴趣，提高学习效率。所谓"温故知新"、"举一反三"、"闻一知十"、"由此及彼"、"触类旁通"，等等，说的都是知识迁移的方式。比如，如果孩子爱唱歌，却头疼于背课文，我们就可以让孩子寻找合适的曲子，用唱歌的方式把课文唱出来。

总之，在孩子学习新知识的时候，父母可以帮助孩子建立新知识与兴趣爱好的联系，以培养和激发孩子的学习热情。

国际知名经济学家张五常先生写过一本育儿书——《吾意独怜才》，里面的育儿思想很值得我们学习。在这里，我想与各位父母分享其中一章：

智力大致上是天生的。然而，大多数人不明白，一个孩子的天生智力怎样，不是由什么智商测验或考试成绩或日常的表现就可以知道的。你要让孩子去尝试，去乐在其中地做一下。而又因为天分有许多方面，你要让孩子尝试多方面的。好些时候，一个孩子在幼时显得蠢，但到了某一个年纪就聪明起来。我自己要到二十八岁，突然间对经济理论融会贯通，觉得课本错的多、对的少，才有胆对大师之见一视同仁，手起刀落。

我认为"用心"这回事，有一部分是天生的，但某程度上可以培养出来。我一向认为，对事情有兴趣的孩子，凡有兴趣就用心的，是一个准天才。一般父母不知道，有兴趣是极为难得的事。

只要孩子有兴趣的不是不良嗜好，千万不要阻止他。同样重要的是孩子感到有兴趣的是否需要用想象力。电子游戏用不上想象力，我不会鼓励孩子夜以继日地干。我做孩子时的放风筝、弹波子之类的玩意儿，对想象力的启发就大有用场了。

第九章
从"要我学"到"我要学"——提升孩子的学习力

最后,教育是后天的。学校的教育远不及父母所教重要。父母要让孩子做多项的尝试,不阻止孩子的兴趣发展,而最重要的,是不强迫孩子在无关宏旨的事项——例如考高分——上多下功夫。

- 兴趣是孩子乐于学习、热爱学习的原动力。
- 如果孩子能从一件事中获得快乐的情绪,他才会有兴趣去做;当孩子能从学习中获得快乐,他才会主动学习。
- 好奇心是兴趣的基础。父母不应该压抑孩子的好奇心,不应该对孩子的发问表现出不耐烦,而应鼓励他们。
- 幼年的兴趣常常奠定了一生事业的基础,父母一定要尊重孩子的爱好,保护孩子的兴趣特长。
- 将孩子原有兴趣点与新知识联系起来,是帮助孩子愉快学习新知识的好方法。

二、不是为了赢别人,而是为了不输给自己

"从小我就有个宿敌叫'别人家的孩子'。这个孩子从来不玩游戏,不聊QQ,不喜欢逛街,天天就知道学习。长得好看,又听话又温顺,回回年级第一。长大后还有个有钱又正儿八经的男/女友,研究生和公务员都考上了,一个月7000元工资。会做饭,会家务,会八门外语。上学在外地一个月只要400元生活费还嫌多……"

这是一则网上流传的热帖,多数网友都表示自己小时候被父母拿来和"别人家的孩子"比较过,痛恨这个无处不在的攀比对象——别人家的孩子。

"别人家的孩子"之所以引起广泛讨论,源于近年来一种普通的家

父母强大了，孩子才优秀：
改变孩子先改变自己

长心理——自家孩子一定要比别人强。在教育孩子的过程中，父母处处拿别人家孩子与自家孩子做比较，要求孩子成绩名列前茅；不顾孩子的兴趣爱好，琴棋书画特长班报满；孩子稍有不听话，就会指责"你看隔壁家的……"试图唤起孩子"竞争无处不在"的危机感。

父母的心情可以理解，然而这种"学习只为赢别人"的心理，带给孩子的坏处实在很多。

国际级 NLP（身心语言程序学）大师李中莹曾说：今天的社会过分强调人与人之间的竞争，因而产生很多不必要的冲突与纠纷。这种心态有一个名称叫作"零和游戏"。一般的竞赛，例如球赛，两队的成绩如果是 2:0，那就是说有一队赢了两球（+2），另外的一队输了两球（-2），两队的成绩加起来（+2 加 -2），结果刚好是零。

"零和游戏"的心态很不好，是一个"对方输，自己才会赢"的观念，所引申出来的错误的思想和行为模式包括：

1. 要把别人压下去，因为没有人心甘情愿被别人压下去，因此会产生很多不必要的冲突、仇视。

2. 竞争是必需的，打败对方也是不可避免的。

3. 研究自己怎样才会成功可能很难，更容易的方法或许是使对方失败，所以使对方失败的做法便是正确的做法。

4. 培养出好斗的性格。

5. 少了可以联手御敌的盟友，多了本来没有必要产生的敌人。

拿别人家的孩子与自家孩子比，出发点当然仍是为孩子好，希望孩子有一个学习的榜样，希望孩子知耻而后勇，但实际效果往往适得其反。"别人家的孩子"这个泛化的优点集合体，容易让孩子迷失方向，

第九章
从"要我学"到"我要学"——提升孩子的学习力

根本不知道父母对自己的具体要求是什么，一片茫然，无所适从。同时，孩子总是被父母认为不如人，他的自信心和自尊心都会受到严重伤害，会变得越来越不自信，越来越不敢前行，越来越害怕学习。此外，还容易引起孩子的叛逆心理，破坏原本融洽的亲子关系；也容易导致孩子出于忌妒、愤恨，而与优秀同伴关系恶劣，从而失去向他人学习、取长补短的机会。

有一则电视广告词这样说道："我不能够次次都赢别人，但决不输给自己。"

我们可以借鉴这则广告词，在教育孩子的时候，鼓励他不断进步，超越过去的自己，而不是老想着如何胜过别人。

世界上没有两片完全相同的叶子，也没有两个完全相同的人。每个人都有自己的强项与弱项。考试分数比别人低，不代表孩子就比别人差；考试分数超过别人，也不代表就各方面都比别人好。赢了别人没什么了不起，不断超越过去的自己才是真正的进步。

所以，父母在表扬孩子时，不妨抛开"别人家的孩子"，只拿孩子的现在与过去对比，只要孩子比起过去有进步，就别吝啬赞美，千万别说"你虽然有进步，但是我希望能再进一步，超过隔壁的×××"之类的话语。

对幼儿而言，他的自我意识最初是通过成人的评价获得的。若父母能够发现孩子的独特之处，孩子就会在成长的过程中充满自信和愉快，会觉得自己受到父母的关注与珍视。反之，孩子就容易丧失信心，觉得无论自己怎样努力都达不到父母的要求。

对于孩子而言，同伴是仅次于父母的重要模仿对象。益友的好处，古往今来已为无数事实证明。当父母不再拿孩子与别人相比，孩子反倒

父母强大了，孩子才优秀：
改 变 孩 子 先 改 变 自 己

更容易与那些优秀的"别人家孩子"成为朋友，从而在同伴身上学习到可贵的东西。

- 最好的教育，是尊重每位孩子个性差异的"因材施教"；而以"别人家的孩子"来要求自家孩子，则是忽视了孩子个体差异的坏教育。
- 当孩子发现，连他最亲近、最依赖的父母也觉得别人家的孩子比自己好，他的自信和自尊可能会受到永久伤害。
- 多鼓励孩子与过去的自己相比，那么，即使将来他身边已无对手，成为"独孤求败"，他仍可以不断突破自我，进入另一番新境界。
- 不与同伴"争斗"，孩子的人际关系会更好，拥有更多的朋友。

三、如何制定学习目标

费罗伦斯·查德威克是世界著名的游泳健将，她一生参加过无数次渡海游泳。

1952年7月4日，她决定向一个新的纪录发起挑战——游过美国加利福尼亚和卡塔林纳岛之间21英里的卡塔林纳海峡。如果能成功，她将会是世界上第一位穿越这片海峡的女性。

但是很不凑巧，这一天海上的雾气很重，她在水里什么都看不见，甚至连护卫的船只都看不到。

15个钟头过去，费罗伦斯精疲力竭，被冰冷的海水冻得四肢发麻。此刻，她依然看不到海岸线，于是她认为目的地还很遥远，自己不可能完成挑战，她必须停止游泳。她的母亲和教练在同一条船上，他们都告诉她岸已经很近了，让她坚持不要放弃；但是费罗伦斯眼前一片大雾，根本看不到前方，坚持让大家把她拉上船。

第九章
从"要我学"到"我要学"——提升孩子的学习力

船很快驶向岸边,费罗伦斯发现,她上船的地点距离海岸只有半英里。

事后,她满面懊丧地对记者说:"说真的,如果我知道陆地离我这么近的话,我一定会坚持到终点的。"

费罗伦斯一生中只有这一次没有坚持到底。两个月之后,她成功游过同一个海峡,成为世界上第一位游过卡塔林纳海峡的女性,比男子的纪录还快了大约两个小时。

究竟是什么原因造成了她一生中唯一的遗憾?是疲劳,还是寒冷?都不是。她之所以半途而废,仅仅是因为她在迷雾中看不到目标。

人生也如此。很多人在实现梦想的路上半途而废,原因就是没有"看得见"的目标,前途朦胧,希望渺茫。

在教育孩子的过程中,有时我们会看到,孩子缺乏学习动力,对学习表现出厌倦、冷漠、逃避的情绪,没有抱负,对自己的将来也没有期待,没有半丝求知上进的意愿。

教育专家研究发现,缺乏学习动力的原因有内部原因和外部原因。内部原因有:学习目的不明确;对所学内容缺少兴趣;错误归因。外部原因主要来自社会、学校和家庭等方面。有的家庭急功近利,什么专业挣钱多、好找工作,就让子女学什么专业,而不考虑子女对这些专业是否有兴趣,是否适合子女学习等。

"学习目的不明确"被列为孩子缺乏学习动力的首要原因,可见其严重程度。

国内外的学习实践证明,学习目标具有导向、启动、激励、凝聚、调控、制约等心理作用。作为学习者,一旦明确自己应该学会什么,并

父母强大了，孩子才优秀：
改变孩子先改变自己

确信这些内容值得一学，他们就会自觉地、努力地学习。中国科学院心理研究所关于《目标设定对作业行为影响的实验研究》表明，学习目标明确的理科学生，他们的平均计算用时明显少于没有确定目标的学生。还有一些研究表明，完成同样的学习任务，学习目标明确者能比没有目标者节约约六成的时间。

我们不妨想想，在我们要求孩子努力学习的时候，有没有帮他设定清晰的学习目的。

有些家长会说，我经常告诉孩子学习的意义和目的啊。如果我们再去问问这些家长，他给孩子描述的学习目的、意义是怎样的，他们通常会这样回答：

"为了考进好的大学。"

"为了毕业找一份好工作。"

"为了将来收入高，社会地位高。"

"为了将来能有更多出人头地的机会，改变命运。"

这样的目标固然远大，却太遥远，显得渺茫不可及，一如大雾中的海岸线之于费罗伦斯。给孩子设立这样漫长的目标，就如同指给孩子看一个永远无法到达的海市蜃楼，孩子怎么可能明白自己每天具体应该做什么，又怎么可能在每天上学读书的过程中找到乐趣？

父母在帮助孩子设定学习目标的时候，一定要注意，目标应高低适当、明确具体。

高低适当，指目标不能定得过高或过低。过高的目标无法达成，容易让孩子丧失信心；过低的目标无须努力就能达到，不利于进步。

第九章
从"要我学"到"我要学"——提升孩子的学习力

明确具体,指学习目标要便于对照和检查。第四章中我提到,好的指令应该明确具体,可操作性强,迁移到学习目标的设定上也一样。像"孩子,请努力学习,争取更大进步"这样的目标就很不明确。怎样努力?哪些方面有进步?孩子一概不知道。如果改成"每天课前认真预习"、"做作业时不准吃东西、看电视"等,孩子就能做到心中有数。

从具体操作方法而言,父母可以帮助孩子设定"长期目标"和"短期目标"。

首先,根据孩子的实际情况,和孩子共同拟定一个长期目标。当然,所谓的长期目标,并非"将来考上好的大学"这种过于遥远的目标。长期目标的长度以半个学期或一个学期为宜,最长不要超过一个学年。目标可以是"语文作文写到优秀"、"数学考试正确率超过九成"等,重点是便于对照检查。

然后,父母与孩子一起制定短期目标。短期目标可以按照"星期——天"的方式设计。先按星期画出表格,每个格子中填上一周目标,比如"背诵100个单词"、"与父母谈心一次"、"去郊外观察大自然"、"写一篇作文"等。然后,在这一周来临前的一天,将一周目标分解,具体到每一天应该完成什么。"一日目标"越详细越好,比如"练字两张纸"、"背完15个单词"、"默写出今天的数学公式"等。

每次制定下周"一日目标"时,一定不要忘记对本周的完成度做个小结,并把小结结果写在本周目标格子旁。父母在小结时,一定要多鼓励、表扬,少批评指责;如果有意见建议,一周最多提一条,免得引起孩子反感,产生厌学情绪。

此外,制定短期目标的时候,一定要结合孩子的实际,留给孩子足够的闲暇和自由时间,千万不要让孩子觉得任务繁多、难以完成,需要

父母强大了，孩子才优秀：
改变孩子先改变自己

牺牲玩乐与睡眠时间。只有保证充足的睡眠和适度的娱乐放松，孩子才能更高效也更心甘情愿地去学习。一个短期目标实现后，再着手于第二个，孩子才会比较容易在实现短期目标的过程中体会成功，找到自信。

- 很多人的失败，不是因为能力不够，而是因为在他们的心中，没有一个足够让他们继续前行的明确目标。
- 无论做什么事都要有明确的目的，学习尤其如此。目的越明确，学习积极性就越高。
- 学习目标的制定必须根据孩子的现状，由父母和孩子共同商定，而不能任由父母"漫天要价"。
- 为孩子制定"长期目标"和"短期目标"，帮助孩子一步一个脚印，踏实走向目的地。
- 短期目标的制定十分重要，一定要明确、具体，一次内容不宜太多太难，要让孩子感到"跳一跳，够得着"，通过不断的成功体验，激发孩子的自信心，让孩子从学习中收获快乐。

第十章
训练感官敏锐度——全面提高思维能力

一、感官训练很重要

心理学上曾有一个著名实验：心理学家把 12 对孪生老鼠分为两组，一组放到刺激丰富的环境中，一起装进一个大笼子，灯光明亮，能听到各种声音，并装有梯子、车轮等；另一组单独装进小笼子，放在昏暗、无声、无气味的屋子里，几乎得不到任何感官刺激。80 天后，在刺激丰富的环境中长大的老鼠与无刺激的老鼠有了显著区别，前者的大脑明显体积大、皱褶深、分量重；简而言之，"受刺激"的小老鼠"聪明"得多。

这个实验告诉我们：早期的感官刺激对儿童大脑的发育至关重要。丰富的感官刺激可以促进大脑发育，使孩子更聪明。感官教育在幼儿心理发展过程中意义重大。

新生儿犹如一张白纸，世界对他们最初的涂抹着色，就是依赖于感

父母强大了，孩子才优秀：
改变孩子先改变自己

官进行的。

所谓感官，就是感觉器官，包括视觉、听觉、嗅觉、味觉以及触觉。孩子所有的信息都是从感觉器官获得的。感觉是一切复杂认知的基础。

为什么画家辨别颜色的能力强于常人？为什么音乐家辨别音色的能力强于常人？因为他们的感官经过训练后变得很灵敏，他们也就有了超乎常人的能力。

6岁以前，孩子主要用右脑思维，属于直觉思维。也就是说，幼儿基本上是依靠自己的直接感知来认识事物的，幼儿的记忆直接依赖于感知的具体材料，幼儿的思维常为感知觉所左右，幼儿的情绪和意志行动，也常受直觉感知的影响而变化。人类的智力必须经由感官吸收资讯后，引发心智活动而产生认知、分辨等思考，进而成为智慧。

从儿童生理与心理的发育看，0~5岁都是感官的敏感期，其中2~3岁是顶峰。感官的敏感期不仅使儿童有选择地注意周围的环境，反应儿童的兴趣所指，而且由于引起了活动，能使儿童建立和完善感觉的功能，使感觉更敏锐，更精确。过了这个时期，儿童的感觉就不可能收到这样的效果了。因此，在这个时期，如果父母能够多为孩子提供锻炼感官的机会，就可以使孩子的感知能力逐步加强，促进其右脑的充分发育，从而为其智力的发展打下坚实基础。

在蒙台梭利的著述中，有大量篇幅专门论述感官教育与智力发展、技能的培养之间的密切联系。在她看来，感官是心灵的窗户，感官对智力发展具有头等重要作用，感觉训练与智力培养密切相关。

由此，她指出：感官训练的目的在于通过训练儿童的注意、比较、观察和判断能力，使儿童的感受性更加敏捷、准确、精练。不论是在家

第十章
训练感官敏锐度——全面提高思维能力

庭中的婴孩,还是进入幼儿园的幼儿,都应该把感官训练列为首要项目,并在过程中不断地要求其更精确、更敏锐,借以让幼儿认知、辨异等潜能得以充分发展,进而产生分析、综合、研判等更高层次的思维能力和行为基础。

蒙台梭利感官教育的目标包括:

1. 让人体的每一个感官都得到均衡和谐的发展。
2. 让每个感官都能最大限度地发挥作用,在感官能力方面达到各自的上限。
3. 提高辨别感官刺激的能力。
4. 让感官对接受到的各种刺激做出不同的反应,对相同的刺激做出类似的反应。
5. 让各个感官协调一致,互相配合,以便更好地认识客观世界。
6. 在任何情况下,均能正确地理解客观事物,也就是说,感官的感知应该和客观事物的特性完全一致。
7. 能通过感觉器官的验证,充分肯定自己对客观事物已经达到的认识能力。
8. 通过各种感官的活动,能掌握自己生活的周围环境的情况,以使自己的行动适应环境,并对客观情况做出合理的反应。
9. 能深刻地分析和牢记被感知的事物,保持记忆的纯洁性。
10. 能正确地区分视觉、听觉、触觉、嗅觉和味觉这五种感官感知的事物。
11. 能认清引起某种感觉的原因。
12. 能对见到的、听到的、触摸到的、尝到的和闻到的各种事物的价值做出正确判断。

13. 专注力。

以上目标可以简单概括为五大训练：视觉训练、听觉训练、嗅觉训练、味觉训练和触觉训练。

其中，视觉训练的目的在于帮助幼儿提高鉴别度量的视知觉、鉴别形状、颜色、大小、高低、长短及不同的几何形体；听觉训练主要使幼儿习惯于辨别和比较声音的差别，使他们在听声训练过程中，培养起初步的审美和鉴赏能力；嗅觉和味觉训练注重提高幼儿嗅觉和味觉的灵敏度，增进和发展他们的一般感受能力，使他们的各种感觉处于更令人满意的准备状态；触觉训练在于帮助幼儿辨别物体是光滑还是粗糙，辨别温度的冷热，辨别物体的轻重和大小、厚薄、长短以及形体。

可以看到，无论是哪一类感官训练，其实也是在培养孩子的观察力。通过这一系列的感官训练，可以使幼儿成为更加敏锐的观察者；有了敏锐的观察、感知力，孩子将来更容易完成诸如阅读、书写等复杂的动作，为未来的学习打下基础。

在给孩子进行感官训练的时候，我们要遵循三大原则：儿童为主（让孩子按照自己的兴趣进行自由的选择）、循序渐进（先认识物品的形状、颜色、名称、用途等，再逐渐深入到确实、精细的观察）、实践第一（给孩子充分尝试的机会，让他尽可能多地接触物品，自己实践摸索）。

对孩子进行感官训练，一方面，我们可以让孩子学习音乐、绘画、体育项目等，刺激某一特定感官发育；另一方面，我们可以通过让孩子做家务、给孩子讲故事、带孩子逛商城等，刺激多重感官的综合发育；

第十章
训练感官敏锐度——全面提高思维能力

此外，我们还可以使用一些感官教具，或是陪孩子做一些感官小游戏等，来不断刺激孩子的感官。

日常生活中，也随时可以训练孩子的感官。例如吃东西时，让孩子描述食物的味道；带孩子去公园散步、游玩时，请孩子描述看到了什么、听到了什么、想到了什么，随时启发孩子调动感官去感知周围的一切。

总而言之，感官是早教训练的第一步。这一步走好了，接下来我们培养孩子的专注力、记忆力、观察力、想象力、创造力等就会容易很多。

- 感觉是一切复杂认识的基础，感官教育既是最基础的教育，也是提升人类智能建构的教育。
- 感官训练是早教的第一步。通过感官训练，我们可以将抽象的感觉带入具体实物，启发孩子认知的敏锐性，让孩子经由亲自的体验而有清楚的辨认能力。
- 及早对孩子进行感官训练，促进他的右脑发育，对孩子的整体发育，包括智力心理及学习生活能力等，都有重要意义。

二、提升孩子专注力

法国生物学家乔治·居维叶说："天才，首先是专注力。"

专注力，又称注意、注意力，指一个人的感知、记忆、思维、想象等心理活动持续指向和集中于某一事物或对象的心理状态。

心理学上说，注意的特征包括注意的集中性、注意的稳定性、注意的广度、注意的分配、注意的转移。其中，最基本也是最重要的是注意

父母强大了，孩子才优秀：
改 变 孩 子 先 改 变 自 己

的集中性。

注意的集中性是指心理活动在选择对象的同时，对别的事物的影响加以抑制而不予理会，以保证对所选对象做出清晰的反映。一个人的注意力高度集中时，他一方面会对周围的事物视而不见，听而不闻；另一方面，他的视觉、听觉、味觉、嗅觉、触觉等感官都会处在最活跃、最积极的状态，他的智力活动水平达到高峰，从而更容易取得成就。比如我们小时候听过的那个故事，王羲之练字的时候，竟把墨汁当芝麻酱，蘸馒头吃进腹中。

专注力是智力的基本因素，也是观察力、记忆力、思维力、想象力的基础。在我们的学习过程中，专注力是打开我们心灵的门户，门开得越大，涌入的知识就越多。而一旦注意力涣散或无法集中，心灵的门户就关闭了，一切知识都将无法进入。

现在已经有越来越多的专家、家长察觉到，在儿童早期进行专注力训练，是保证孩子以后学习的关键。

尽管有越来越多的家长认识到孩子专注力的重要性，但是我们也要看到，孩子们的专注力正在日渐下降，而非日益增长。这些年，我们听到父母抱怨最多的就是："我家孩子从小注意力不集中，上课走神，学习效率低下。"几年前，中国关心下一代工作委员会事业发展中心、中国社会心理学会公布的《中国青少年注意力调查报告》显示，我国孩子注意力不集中的超过半数。

为什么会出现这样的情况？要看到，专注力虽然与先天遗传有一些关系，但起决定因素的是后天的环境与教育。孩子无法集中心神学习，多半与幼年时父母没有重视孩子的专注力培养有关。

第十章
训练感官敏锐度——全面提高思维能力

大家可以回忆一下,有没有在孩子正专心做某项活动时,家长过来打断他?

比如,孩子正在专心画画,奶奶走过来问一句"宝贝你冷不冷";隔了一会儿,妈妈又拿着削好的苹果过来问孩子吃不吃;再过一会儿,爸爸跑过来看看画,然后摸摸孩子的头说"宝贝你画得真棒"……

又比如,有些父母喜欢陪孩子做作业。孩子刚写一个字,父母伸手点点:"写得不好,擦掉重写。"孩子刚做完一道题目,打算进入下一道,父母又赶紧伸手:"这里做错了,修改一下。"甚至有时候,孩子沉浸在对一道难题的思考里,刚刚理出一点头绪,父母已经着急忙慌地以为孩子在发呆,不断催促:"快点做啊,你发什么愣?"

这些都是生活中的常见场景,司空见惯到有些父母已经不以为意,但是,这样做却是实实在在地打断了孩子的专注力,让孩子因此失去一次专心投入的机会。

有父母说,我只在他玩的时候打断他,学习时我不去影响他,这样也会使他失去学习的专注吗?很遗憾,如果孩子的专注力总是被打断,即使只是玩耍时的专注力被打断,他以后也会很难在学习、工作上投入专注力。与此同时,由于他们认为因学习而令他们无法继续玩玩具、拼拼图,他们就会对学习产生负面情绪,如烦躁、抵触、厌恶等。

还有些父母,在孩子年幼时一次给予过多的玩具,或是把孩子的房间布置得很花哨,这些也都会影响到孩子专注力的发展。孩子总是贪新鲜的,如果玩具过多,他就会不断更换玩具,一个还没玩透,又去触碰下一个,每一个玩具都是浅尝辄止,久而久之,注意力就很容易转移。房间过于花哨给孩子带来的弊端与此类似。当房间里物品过多,色彩过繁,孩子的眼睛就会游移,难以集中。所以,要想让孩子养成专注的好

父母强大了，孩子才优秀：
改变孩子先改变自己

习惯，不妨从少给玩具和改变房间装饰做起。

为了帮助孩子的智力发育得更好，我们应了解一些专注力培养的方法。

首先我们要了解，2岁宝宝的平均注意力集中时间长度大约为7分钟，3岁约为9分钟，4岁约为12分钟，5岁约为14分钟。培养孩子的专注力，要先弄清孩子一次专心的最大时长，训练时间一定要控制在孩子的能力范围之内。

孩子的专注力培养应该从感官训练入手，主要包括视觉注意力、听觉注意力。父母可以带孩子做一些户外观察活动，引导他看地上的蚂蚁、树叶上的蜗牛，听小鸟的叫声、树梢间的风声。除了单纯的视觉训练和听觉训练，还可以做一些综合感官训练，比如说让孩子跟父母一起做同样的动作，越少出错越好。

从我们与嘟嘟的专注力训练中可以发现，游戏方式是最易被孩子接受的方式，如串珠游戏、夹弹珠游戏、单脚站立训练等简单有效的小游戏，嘟嘟百玩不厌。这与儿童爱玩的天性密切相关。

下面我简单介绍一下这几个游戏。

串珠游戏：

准备二三十个颜色不同、中间有孔的珠子，以及一根细绳，要求孩子把珠子按照不同指令串起，如相同颜色并在一起，或是不同颜色交错、每组颜色顺序相同等。每次用秒表计时，观察孩子的速度和准确性。珠子的大小根据孩子的年龄来定。嘟嘟两岁左右，我们找的是那种直径三厘米左右的大颗塑料珠子，三四岁后，逐渐换成小玻璃珠。

第十章
训练感官敏锐度——全面提高思维能力

夹弹珠游戏：

准备一双筷子、两只碗、50颗不同颜色的玻璃珠，将所有的玻璃珠放进一只碗中，让孩子用筷子把玻璃珠夹到另一只碗中。在这个过程中，既可以不分颜色，纯看速度；也可以不断发出指令，要求孩子按照指令夹出不同颜色的弹珠，速度越快越好。这个游戏还可以父母和孩子比赛，一人一双筷子，一人一只碗，看谁夹的多。这是嘟嘟非常喜欢找我比赛的一个项目。我通常的做法是，让孩子赢两三次，自己赢一次。这样既增强了孩子的自信心，又不至于让她觉得难度太低。

闭眼单脚站立游戏：

引导孩子站在平坦的地上，先进行几次深呼吸，全身放松；然后抬头、挺胸，慢慢举起双臂，保持平举状态；轻轻抬起一只脚，闭上双眼，单脚独立。用秒表记录下孩子每一次坚持的时间，引导孩子不断进步。闭眼时，孩子看不见四周，缺少视线的转移，全副心神集中在独立上，既锻炼了专注力，又锻炼了平衡感。

随着孩子年龄的增大，父母可以逐渐增加游戏难度，来锻炼注意力高度集中和快速反应能力。比如心理学上广泛使用的速读数字或者找差异训练，就是很好的锻炼专注力的游戏。

速读数字：

在一张有25个小方格的表中，将1～25的数字打乱顺序，填写在里面，然后以最快的速度从1数到25，要边读边指出，同时家长计时。研究表明：七八岁儿童按顺序找完每张图表上的数字的时间是30～50秒，平均40～42秒；正常成年人看完这张图表的时间则是25～30秒，有些人可以缩短到十几秒。

父母强大了，孩子才优秀：
改 变 孩 子 先 改 变 自 己

找差异训练：

事先写好几组句子，每组句子包括甲、乙两句话，每句话中间只有一两个词语有细微差别，然后让孩子仔细听每组句子，快速找出甲、乙的不同之处。比如甲句是"我有一个美丽的愿望，长大后做一个植物学家，种出世界上最美丽的花送给妈妈"，乙句是"我有一个美好的愿望，长大后做一个植物学家，种出世界上最漂亮的花送给妈妈"，等等。

在培养孩子专注力的过程中，父母切莫操之过急，更不能强迫孩子按自己的意愿行事。有些父母，孩子稍微表现出一点分心就大声责骂，那只会加重孩子的心理负担，让他更加无法集中心神。我们可以注意观察孩子，如果孩子对某一事物感兴趣，就以这个事物作为起点，让孩子尽可能对这个事物保持较长时间的注意力，从而锻炼他的专注力持久时间。只要孩子一次比一次能坚持的时间长，父母就应该感到欣慰，就应该认真表扬、鼓励孩子。

总而言之，爱心、耐心、微笑，加上适当的游戏方法，孩子的专注力一定能得到提高。

- 专注力，孩子一生受益的品质。
- 让孩子集中注意力是学习成功的第一步，也是智慧的起源。
- 当孩子专心做事时，请不要随便打扰他。
- 搜集一些专注力培养的游戏方法，每天坚持陪孩子训练。

三、提高孩子记忆力

记忆力的重要性不言而喻，每个人都知道。父母们的普遍困惑是：

第十章
训练感官敏锐度——全面提高思维能力

孩子的智商没问题，记忆力也不差，看过一遍的东西当时就能复述，可为什么就是记不住，前学后忘呢？

这个问题，要从记忆的分类说起。记忆加工有三个不同的阶段，分别是感觉记忆、短时记忆和长时记忆。

感觉记忆是记忆系统的开始阶段，它是一种原始的感觉形式，因主体对外界事物产生注意而产生，是记忆系统在对外界信息进行进一步加工之前的暂时登记。

短时记忆是感觉记忆和长时记忆的中间阶段。它最大特点是其保持的容量和时间长度均是有限的。在没有复述的情况下，信息在短时记忆中保持的时间很短。来自感觉记忆的信息可以在短时记忆中得到加工而进入长时记忆；来自长时记忆的信息也可以进入短时记忆，并得到进一步加工。

长时记忆构成了个体关于外界和自身的全部知识经验。长时记忆的信息容量没有限制，良好的编码能够改善信息在长时记忆中的保持和提取。

由以上理论可以看到，产生注意、复述、加工，是使记忆力持久的三大重要手段。

注意分为有意注意和无意注意。

无意注意指自然而然发生的、不需要做任何意志上的努力的注意。

例如上课的时候，全班同学正在安静地听老师讲课，忽然有个迟到的孩子站在门口，大喊一声"报告"，全班都会不由自主注意到他。或者，孩子正在郊外草地上玩耍，一只颜色特别鲜艳、个头特别大的蝴蝶飞过，孩子的视线立刻被它吸引。

父母强大了，孩子才优秀：
改 变 孩 子 先 改 变 自 己

能引起我们无意注意的，常常是具有强烈刺激性或者能激发我们直接兴趣的事物。这是不需要意志、能力就可以进行的注意。

有意注意正相反，它是一种有自觉目的、需要做一定意志努力的注意，是一种主动的、服从于一定目的要求的注意。

比如孩子正在看书，听见其他小伙伴谈论起好玩的玩具、好看的动画片，他的注意力不由自主转向小伙伴的谈话内容，这是无意注意。如果孩子尽管被别人的谈话内容吸引，却强迫自己把注意集中到书上，认真看书学习，这就是有意注意。

无意注意的发生很简单，不受我们控制；有意注意则是需要我们努力的。从记忆效果说，无意注意虽然能带来一时的感受（短时记忆），但记忆的牢固度、时间长度（长时记忆）远不如有意注意。

更重要的是，我们在日常生活和工作中经常会遇到一些自己不感兴趣而又必须做的事，比如学习的内容，不可能永远都是孩子感兴趣的，但孩子能够因此不学习吗？所以，让孩子进行有意注意，是非常重要的。

心理学研究显示，大脑将短时记忆转化为长时记忆最短也需要 8 秒。当人真的需要记住一件事时，至少需要集中注意力 8 秒钟。离开了对识记内容的注意，记忆也会瞬间消解不存在。因此，要想提高孩子记忆力，让学习内容进入孩子的长时记忆，应该把培养孩子的注意力作为前提条件。这也正是我上一节说的"专注力是智力的基本因素，也是观察力、记忆力、思维力、想象力的基础"。

生活中，我们可以引导孩子进行有意注意，让孩子有意识、有目的地去识记某些事物，来提高孩子的记忆力。比如在听故事、外出参观、饭后散步时，都可以给孩子提出识记任务。当然，最好不要让孩子觉得

第十章
训练感官敏锐度——全面提高思维能力

有压力，免得产生抵触情绪。家长可以用"请求孩子帮助"的方式来进行引导，如对孩子说"妈妈记性不好，刚刚听的故事忘记了，你能不能讲一遍给妈妈听？""这个是蝴蝶吗？爸爸不知道蝴蝶和蛾子怎么区分，能帮帮我吗？"等等。

除了引起孩子注意，我们还可以用帮助孩子复述的方式来提高他的记忆力。

复述指以言语（口头或书面言语）重复刚识记的材料，以巩固记忆的心理操作过程。学习内容在复述的作用下，从短时记忆向长时记忆转移。

明代著名学者张溥学问广博、知识储备极为丰富，他的"七录七焚"式学习方法在历史上很出名。"七录七焚"指：一篇文章，先读一遍，再抄一遍，然后烧掉，重读、重抄、再烧掉，如此反复七次，一篇文章于是永久地记在了他的脑海中。他所用的方法就是通过复述，反复强化记忆。

与成人相比，孩子虽然记东西比成人快，但是保持时间常比成人短，所以更需要父母经常复述，以帮助孩子对需要记忆的对象加深印象，产生长久的记忆。比如，父母想要让孩子认识各种颜色、形状，根本不需要拿出专门的时间来教孩子，只要在日常生活中见到什么物品时，重复告诉孩子这是什么颜色、什么形状的即可，如对孩子说"黄色的长长的香蕉真好吃"、"红色的苹果圆又圆"、"黑色、方形的是电脑"……经过多次重复，孩子就能记住。

复述分为机械复述和精细复述两种。

机械复述指对短时记忆中的信息只进行重复性的、简单的心理操

父母强大了，孩子才优秀：
改 变 孩 子 先 改 变 自 己

作，使记忆痕迹得到加强。在心理学家艾宾浩斯的记忆实验中，即便是无意义的音节，在多次机械复述之后，也可以在一定时间后还能记起来。小孩子刚开始学说话时，或者我们刚开始学一门外语时，常常是将要学的单词通过机械复述来记忆的。日常生活中，我们试图记住一些意义不明显的信息时，如一串数字、人名、地址等，也多采用机械复述。

机械复述的缺点是，记住的信息很容易受到其他类似信息的干扰；一旦干扰使记忆发生了偏差，记忆内容就难以恢复。所以，如果我们能够教会孩子使用精细复述的方式，他的记忆能力常常可以再提高一个台阶。

精细复述指对记忆中的信息进一步加工、组织，使之与预存信息建立联系，从而向长时记忆转移。也就是说，家长可以充分利用孩子已有的知识经验，使他学的新知识与脑子里的旧知识"挂钩"，有意识地建立起记忆内容和大脑原有内容的联系，从而理解新知识，并产生联想记忆。

嘟嘟很爱看《巧虎》，我在陪她一起看的时候发现，《巧虎》里面很多知识的传授都是用了这种"挂钩"法，小朋友很快就能记住。比如里面的《数字歌》是这样唱的："铅笔1，鸭子2，蝴蝶3，帆船4，钩钩5，哨子6，拐杖7，眼镜8，气球9……"

除了建立新旧知识的联系，我们还可以使用"系统归类"法来帮助孩子记忆。也就是教孩子把记忆内容系统地归类，整理得井然有序。比如，孩子认字的时候，很容易混淆音近、形近字，父母可以帮助他按字形（偏旁）或读音归类，把汉字归入相应的类别，存在不同的"抽屉"里。等到要回忆的时候，只要打开相应的头脑"抽屉"，就能很方便地找到。

第十章
训练感官敏锐度——全面提高思维能力

保持记忆力持久的重要手段之三是加工。

精细复述本身也是一种记忆的加工方式，此外，在帮助孩子加工记忆材料的时候，充分调动孩子的感官，可以显著提高他的记忆效果。

心理学上有个名词叫"可视化思维"，当抽象的概念变成具体的图片，就会很容易被记住。所以，父母可以帮助孩子把记忆内容联想成一幅画面，画面细节越具体，孩子越容易记住。

比单纯的可视记忆更有效的，是多感官共同参与记忆。

曾经有过这样一个实验：以10张画片为材料，请10个孩子识记图中内容。结果显示，单凭听觉记的效果为60%，单凭视觉记的效果为70%，而视、听觉和语言活动协同进行，记忆效果为86.3%。这是因为多种感官参与识记活动，可以在大脑皮层建立多通道的神经联系。

有人说："若想让孩子认识纸的特性，不妨让孩子把纸放在沾有水的桌面上，观察纸怎样把水吸干；把纸放在火上烧一烧，观察纸燃烧的情景；用手撕一撕，听听撕纸的声音，观察纸片不规则裂开的情形……"这就是利用多种感官帮助识记的典型事例。

利用多重感官来帮助孩子记忆，我们还可以尝试让孩子在脑中"拍电影"，把所要记忆的全部内容构建在五感俱全的头脑电影中，这样，孩子很容易就能记住大量信息。

除此之外，我们也要知道，人在不同时段的记忆能力不同。一般而言，记忆有三个好时段：刚结束学习后的两分钟、每天临睡觉前、早上刚睡醒后的半小时。我们要把握住记忆高峰时段，通过给孩子讲睡前故事或是让孩子晨读等方式，不断提高孩子的记忆力。

父母强大了，孩子才优秀：
改变孩子先改变自己

- 帮助孩子有意注意，可以让他记得更牢。
- 让新旧知识"挂钩"，孩子记得更快更容易。
- 储存在脑子里的东西系统性越强，就越容易提取出来。
- 引导孩子用多种感官参与记忆，能显著提高记忆水平。
- 把握记忆高峰时段，记忆效果事半功倍。

四、培养孩子多向思维

　　1987年，中国"创造学会"第一次学术研讨会在广西南宁召开，我国科学、技术、艺术等各方面的杰出人才云集于此，一时盛况空前。

　　为扩大与会者的创造视野，大会同时邀请了一些国外著名专家、学者为大家做讲座，其中一位是日本的村上幸雄先生。讲座期间，村上先生拿出一把曲别针，请大家动动脑筋，打破框框，想想曲别针都有哪些用途。

　　问题很新奇，与会者的参与热情很高，有人说可以别胸卡、挂日历，有人说可以挂窗帘、钉书本……众人说出了二十多种后渐渐思维枯竭，于是转而问村上先生自己能说出多少种。

　　村上幸雄告诉大家，有3000种。

　　正在大家惊叹不已的时候，中国魔球理论创始人许国泰先生站起来，说："对于曲别针的用途，我可以说出三万种。"

　　接着许国泰先生把曲别针分解为铁质、重量、长度、截面、弹性、韧性、硬度、银白色等十个要素，用一条直线连起来形成信息的横轴，把要动用的曲别针的各种要素用直线连成信息标的竖轴，再把两条轴相交垂直延伸，形成一个信息反应场，将两条轴上的信息依次相乘，达到信息交合。于是，小小的曲别针变得妙用无穷，可加硫酸可制氢气，可

第十章
训练感官敏锐度——全面提高思维能力

加工成弹簧、做成外文字母、做成数学符号进行四则运算……

这则真实的故事告诉我们，多向思维对于一个人的智力、创造力极其重要。

多向思维就是通常所说的"从多个角度看问题"，它是求异思维最重要的形式。多向思维实质上是指使在思考过程中，信息朝多种可能的方向扩散，以引出更多的新信息的发散性思维。它表现为思维不受点、线、面的限制，不局限于一种模式，既可以是从尽可能多的方面去思考同一个问题，也可以从同一思维起点出发，让思路呈辐射状，形成诸多系列。

单向思维者凡事只有一招，很容易陷入困境；多向思维则能避免思路闭塞、单一和枯竭。思维越多向，找到方法的可能性越多，解决困难、面对冲突的能力就越强。以至于有人说："多向思维是解决困难、未来策划以至统筹大局的能力的先决条件。"

父母们都知道，多向思维对孩子来说，十分重要。它能够激发孩子的潜能，提升孩子的想象力、创造力；利用多向思维不依靠常规的特点，从多方面寻找答案的思维方式，可以使孩子的思维灵活敏捷，使知识串联、综合沟通。但是，我们常常无奈地发现，孩子越小，思维越不受限，越具有多向思维的特征；随着孩子渐渐长大，思维反而越来越受拘束。

这其中的一个原因，是我们在教育孩子的过程中，常常要求孩子"听话"，家里听父母的话，学校听老师的话，结果孩子只能跟着父母、老师的思维走，自己的想法就渐渐枯竭了。

可以说，孩子不是缺乏多向思维的神经网络，而是从小到大被灌输

父母强大了，孩子才优秀：
改变孩子先改变自己

的限制性信念太多，导致神经网络里规条、框架太多，让原有的网络不能释放与发挥。所以，打破孩子头脑中的条条框框，不要求孩子"听话"，鼓励孩子多思多想，是提升孩子多向思维的第一步。

那么，如何培养孩子的多向思维呢？其实很简单，利用好生活小事，处处可以绽开思维的火花。比如，父母去幼儿园接孩子放学的时候，偶尔有一次去晚了，在孩子询问爸爸妈妈为什么来晚了的时候，父母就可以引导他自己想原因，让他尽可能多地说出不同原因。还比如，在陪孩子玩玩具时，可以引导他把一个玩具变出花样玩，如纸张除了画画、折纸、剪窗花等玩法，还可以尝试用纸包裹物品、撕纸条编东西、卷成筒当棍子、捏成团做形状等。

在进行多向思维的培养时，我们一定要多引导孩子观察认知。孩子认识的东西、见过的场面越多，他就越能展开各种相关联想。

有妈妈说过，她在做饭的时候，她的孩子来"捣乱"，于是她拿了一只小锅给孩子玩，并问孩子这只锅可以做些什么。孩子看看厨房里的家什，回答说可以做饭、熬汤。妈妈拿出铲子，在大小不一的锅上面各敲了一下，又问孩子锅还能干什么。孩子立刻回答：还能当乐器。然后妈妈伸出锅铲，假装要拍打孩子。孩子本能地把锅横在胸前挡住铲子，脱口而出：锅还能当盾牌。之后，妈妈不断改变场景，孩子随即把锅当成了帽子、脸盆、称重器……

在这个故事中，妈妈的启发是孩子多向思维的重要原因，值得我们每一位家长学习。此外，我们要看到，孩子能说出锅的无数种用途，还有一个因素是孩子了解不同场景中不同物品的用途。也就是说，孩子对生活的认知发挥了作用。如果没有这个认知基础，家长再启发也没用。

第十章
训练感官敏锐度——全面提高思维能力

所以,让孩子多观察,是多向思维的基础。

在给孩子讲故事的时候,我们可以鼓励孩子自己编结局,或者让他自己编故事。在孩子编故事的时候,我们可以用手机把孩子说的录下来,然后放给他听,这能够大大激发他说故事的欲望。

在给孩子买玩具的时候,我们也可以多选择一些有利于多向思维发展的玩具。少买价格昂贵但是用途单一的玩具车等,多买积木、雪花片这一类有无数种拼插组装方式的。

我们还可以与孩子一起玩多向思维训练游戏。比如,先让孩子提出一件匪夷所思、几乎不可能做到的事,然后与孩子一起思考:要怎样才能把它变成有可能?

思考过程中,引导孩子最少想出三种方法,想完之后,让孩子找出反驳它们的理由;然后再想三种新方法,再反驳,如此反复多次,孩子的多向思维能力很快就能得到提高。

如果父母从幼儿时期就开始培养,让孩子从小敢于"异想天开"、"天马行空",这不仅对他以后的学习大有帮助,也为他未来更好地适应社会,提供了很好的心理素质。

- 多向思维能够激发儿童潜能,提升想象力、创造力。
- 有多个选择代表有多份能力,选择越多,意味着解决困难的能力越强。
- 多向思维者在遇到问题时,能提出不同的解决方法,比单向思维的人更灵活变通,更容易取得成功。
- 有意识地帮助孩子发展多向思维,不一味要求孩子"听话",将来孩子才能更出色,更有主见。

第十一章
性教育、死亡教育——不可或缺的幼儿教育

一、5岁开始性教育

由于好奇心的驱使,孩子会很自然地向家长询问"我是从哪里来的",清澈无邪的眼睛中充满了对知识的渴求。

我们小时候也都问过父母相同的问题。估计很多人和我一样,得到的答案是"从垃圾堆里捡来的"。如今,我们这些"捡来的"一代升级成为父母,面对问出同样问题的孩子,我们该怎么回答?

中国有着几千年的封建历史,长期受到封闭的性观念和传统文化的束缚,"性"的话题即使在成人间也难以启齿,更别说在儿童间。所以我们直到今天也没有系统的儿童性教育课程。

与中国相反,其他国家极为重视儿童性教育,将之列为幼儿园及小学必修课。

瑞典的性教育亦称"避孕教育",是世界性教育的典范,其早期学

第十一章
性教育、死亡教育——不可或缺的幼儿教育

校性教育是国际公认的青春期教育成功模式之一。瑞典从 1942 年开始对 7 岁以上的少年儿童进行性教育,内容是在小学传授妊娠与生育知识,中学讲授生理与身体机能知识,到大学则把重点放在恋爱、避孕与人际关系处理上。1966 年,瑞典又尝试通过电视实施性教育,打破了家长难以启齿谈性的局面。这样的教育模式取得了显著成效:性病的患病率极低,20 岁以下女孩子怀孕生育的情况几乎没有,HIV 阳性率至今全国仅 5132 例。

20 世纪 70 年代初,性教育进入了芬兰中小学的教学大纲,连幼儿园也有正式的性教育图书,一面加强性道德教育,一面从性保健出发进行性知识教育。芬兰有本幼儿性教育书——《我们的身体》,父母可以像讲《一千零一夜》那样每天讲一节,孩子的性教育就自然而然地开始了。

英国法律规定,必须对 5 岁的儿童开始进行强制性性教育。根据"国家必修课程"的具体规定,英国所有公立中小学都将学生按不同年龄层次划分为四个阶段来进行不同内容的性教育。目前,在英国还流行"同伴教育",即利用朋辈间的影响力,通过发展青少年的自我教育和自助群体,抵御来自社会的消极影响。

美国"性信息和性教育"理事会主席玛丽·考尔德博士认为:对于性教育,可能特别紧要而有效的时期是 14 岁之前,尤其是 5 岁之前,这一时期所接受的有关"性"的培养和教育,无疑将决定儿童、少年以及此后一生关于"性"的种种方面的观念。性教育误区的存在会直接影响到儿童早期性教育的效果,还可能因此而形成对性的羞耻感、厌恶感,甚至萌生罪恶感,引发成人时的性心理异常。

我们一定要知道,性不是什么羞耻的事情,不要像我们的父母那

父母强大了，孩子才优秀：
改 变 孩 子 先 改 变 自 己

样，一说起性的问题就遮遮掩掩，甚至批评孩子"羞羞"。儿童从 4 岁开始，就会进入性别和出生敏感期，5 岁会达到高峰。这一时期，他们会对男女生理的区别、对孩子从哪里来等问题感到好奇，这其实是他们关注自身、发现自己与异性不同的重要一步。

为人父母者最明智、最有效的方法，是坦坦荡荡给孩子进行性教育，告诉他男女生理的不同构造、受精卵怎样产生、孩子如何生出来等问题。此时对孩子进行性别认知教育与性教育，远比青春期发现孩子偷偷摸摸看成人光盘要好得多。如果父母不断向他传输"性＝羞耻"的概念，会使孩子误认为性是下流的、污秽的，从而产生心理问题。

可喜的是，如今的父母普遍意识到性教育的必要性；然而，如何解释却成了一个难题。我的经验是，不妨借助一些深入浅出的读物进行教学。在此推荐几本书，供大家参考。

幼儿期的孩子，可以给他们看《小威向前冲》、《我的身体》；到小学阶段，可以给孩子买套胡萍的《成长与性》；孩子上了初中，可以看孙云晓的《藏在书包里的玫瑰》。

嘟嘟 4 周岁半的时候，我们给她买了《小威向前冲》，此书以简洁的画面、风趣的故事情节，把新生命的诞生及生殖遗传这些复杂的科学现象以孩子能阅读、理解的方式，呈现在孩子眼前。全书以精子小威为主人公，讲述了精子从哪里产生，如何从爸爸的身体进入妈妈的身体，怎样遇到卵子并与之结合，最终生成宝宝的故事。

嘟嘟很喜欢这本书，有一段时间经常看，还要爸爸躺在床上和她一起表演书中的故事。

有一次，嘟嘟玩着玩着突然停下来，指指爸爸："你哪里有小威吗？"

第十一章
性教育、死亡教育——不可或缺的幼儿教育

爸爸立刻回答:"有,他们在爸爸的身体里面。以前,有一颗跑得最快的精子,抢先进入妈妈身体,抢到了卵子,然后有了受精卵,最后长成了嘟嘟。"

"嗯,我是跑得最快的!"嘟嘟兴奋地点头,然后又指指自己的肚子,"那我有卵子吗?"

"没有,要等你长大了才有。"

"像妈妈一样大吗?"

"是的。"

"到时候我也会有自己的宝宝吗?"

"会的。当你的卵子遇见精子,并且结合成受精卵,你也会有自己的宝宝。"

得到解答的嘟嘟很高兴地跑开了。

在书本的帮助下,我们顺利地帮助嘟嘟认识了性与生殖。顺利度过这个敏感期后,她就很少再看《小威向前冲》,转而对结婚产生了兴趣。

- 孩子四五岁开始就会对性别与性产生好奇,此刻对他进行性教育十分必要。
- 性与安全的知识,孩子如果不能从正常渠道获得,就会从黄色网站、不健康光盘及同伴说笑打闹中获取。所以,父母们不要回避这个问题,让孩子早知道不良性行为的危害,他在冲动时自然会掂量。
- 准确而坦然地说出生殖器的名称很重要,这会让孩子认为,这是一个严肃的事情,和我们能够准确地说出眼睛鼻子耳朵一样,说明人的生殖器官和人体的其他器官是一样的,发挥它的功能而没有什么特别的和见不得人的。

父母强大了，孩子才优秀：
改 变 孩 子 先 改 变 自 己

二、死亡教育，让孩子更珍惜生命

嘟嘟四五岁的时候，我们一家开车出去玩，路遇一支送葬的队伍，嘟嘟头一次见到，十分好奇。嘟嘟爸爸特意放慢了车速，跟在后面。

嘟嘟看着窗外，好奇地问："他们在干什么啊？"

"有人死了，大家在送他离开。"

"什么是死了啊？"

"就是永远都醒不过来，不能说话，不能呼吸，不能吃东西，也不能玩。每个人都会死。"

"死了的人在哪里啊？"

我指给她看："那四个人抬的叫棺材，死去的人就在里面。"

"他为什么死呢？"

"不知道，也许是生病，也许是老了以后自然死亡，也可能是车祸，或者其他原因。"

"人死了以后要去哪里啊？"

"人死了以后，要烧掉，变成灰。"

"我想看看死人。"嘟嘟一脸认真。

晚上回家后，嘟嘟又问："人都会死吗？"

"都会。"

"你也会吗？"

"是的，我会死，你也会死，每个人都会死，连太阳和地球都会死，死是很正常的事情。"

当时我内心有点苦，但还是一脸平静地告诉嘟嘟，人都是会死的，没有人可以例外。为了缓解一下压抑的气氛，嘟嘟爸爸赶紧补充说：

第十一章
性教育、死亡教育——不可或缺的幼儿教育

"不然地球上都是人了。"

嘟嘟倒没有什么难过的表情,紧跟着又问她爸爸:"你说死人都变成土了吗?"

"是的。"

"那我们家楼下的土是死人变的吗?"

"可能吧……其他动物死后也变成土了。"

"哦……"嘟嘟好像接受了爸爸的解释,想了一会儿又问,"我什么时候会死呢?"

"那是很久以后的事了,你看,妈妈的爷爷现在还活着,他有90岁了,你还不到5岁。你的死亡是很久很久以后的事了。"

"嗯,还早呢。"嘟嘟用轻松的语调回答,严肃的表情渐渐变得放松。

那天晚上,嘟嘟反复询问关于死亡的事,问了好久好久,似乎想让我们告诉她"你永远不会死"。

几天后,嘟嘟突然郑重地对爸爸说:"我想活1000岁。"

爸爸哈哈大笑:"我也想活1000岁。"

之后,我们和嘟嘟一起读了《活了100万次的猫》,嘟嘟对死亡与生命的认识更深了一层。

死亡一直以来都是个很严肃很沉重的话题,很多家长都不愿意跟孩子谈论什么是死亡。

有些家长在面对孩子询问"爷爷为什么不起来"的问题时,不愿意直接告诉孩子死亡的真相,而是哄孩子说:"爷爷睡着了,他要睡很久,我们不要打扰他。"

这样做,不仅会让孩子对死亡产生疑惑,还会对睡觉产生恐惧。当孩

父母强大了，孩子才优秀：
改变孩子先改变自己

子看到爷爷睡着之后再也不能醒来，他很可能对睡觉产生抗拒、害怕。

也有一些家长，在孩子询问什么是"死掉了"的时候，搪塞道："小孩子不要问那么多，这不是你应该知道的，等你大了我再告诉你。"

这样做，同样会让孩子产生疑惑，让他觉得死亡是一件不敢提起的事，是不应该被知道的事情，死亡很可怕，会带来不幸。继而，当孩子得知人人都会死亡时，就会表现得格外无助、惶恐。

孩子一天天长大，死亡是个无法逃避的话题。父母越遮遮掩掩，孩子面对突如其来的死亡，越会无法接受，恐惧、担忧。及早对孩子进行死亡教育，让孩子坦然面对死亡，并因此更加懂得生命的可贵，是十分重要的一件事。

美国的公立学校从 20 世纪 90 年代开始，正式展开死亡教育，由学生自愿选择这门课程。中小学针对少年儿童的特点，把死亡教育分为好几类，包括：

消除恐惧。课堂上，老师从自然科学的角度，解释人类生老病死的规律，告诉孩子们死亡并不可怕，生命是美好的，享受今天的生命，才是更重要的。

揭示生命的意义。学校组织孩子到医院或殡仪馆里，请医生、牧师讲解捐赠器官的重要性，同时告诉孩子，一个人的死亡并不是全无意义，他的器官能够让另一些人得到生命的延续。

临终关怀。老师和医生带领学生参加对老人和病人的照料，让孩子们明白，每个人都应该而且有可能有尊严地走到生命的终点。

从心理学研究来看，儿童对死亡的认识有明显的阶段性特点，父母应该根据不同年龄段，对孩子进行不同的死亡教育。

第十一章
性教育、死亡教育——不可或缺的幼儿教育

0～3岁的孩子完全不懂什么是死亡,他们无法分辨"死亡"与"分离"的差别,对死亡问题一般也不会有好奇心。

4～7岁的孩子会初次接触到死亡这个词,但他们理解的"死亡"很简单,就是躺下不动、不呼吸。他们不能辨认"生"与"死"是无法共存的,常认为死亡是可逆的、暂时的。此时的孩子,已经有了一定的社会认知能力,父母在"死亡教育"时,一是要告诉孩子,死亡是一件很自然、很正常的事,人人都会死亡;二是告诉孩子生命的可贵,培养好孩子的安全意识。

推荐各位父母给四五岁的孩子读一读绘本《爷爷有没有穿西装》和《爷爷变成了幽灵》,引导孩子在阅读过程中理解人生的必经过程和人生真谛:要正确面对亲人死亡,懂得珍惜每天拥有的快乐时光。

7～12岁的孩子已经具备一定的独立性,和成年人一样有悲伤的情绪,这时,父母应该从科学的角度出发,带孩子去自然博物馆、科技馆,看看生命尤其是人的生命是如何出生、长大、老去、死亡……

父母们切记,和孩子们讨论"死亡"的时候,不要去吓孩子,不要让他们对死亡产生过度恐惧感。

- 教会人死亡,就是教会人生活。死亡教育是生命教育的重要内容,蕴含着丰富的教育意义。
- 对于死亡,再小的孩子都会有自己直接或间接的体验,回避死亡话题,只会压抑他自然的生命体验和感受,而令这些体验和感受难以找到疏通的途径。
- 谈论死亡时,父母不要表现出对死亡的恐惧,否则孩子也会感到害怕、恐慌。应让孩子知道死亡是很自然的事,死了就不动了、不吃了、不工作了。

情商提高篇

父母强大了，孩子才优秀：
改变孩子先改变自己

第十二章
别把孩子养"软"了——不做事事包办型家长

一、从小做家务的孩子更出色

记得我自己小时候，父母什么活都不让我做，一方面是觉得我动作慢，一方面也是怕累到我。这样久了，我也就心安理得地觉得，家里的事情都与我无关。这个意识的错误性，我直到大学才开始反省。

有了嘟嘟后，我与她爸爸达成共识，从她很小的时候开始，就锻炼她自己做家务的意识和能力。1岁开始，我们要求她把自己吃完的果皮、用过的纸巾等垃圾扔进垃圾桶；两岁开始，玩好的玩具、看完的书全部自己收拾；3岁后，我们让她在我们收衣服时帮忙拆衣架；自从幼儿园老师教会小朋友们叠被子和衣服后，我们请她拆完衣架后叠衣服；4岁后，她对拖地产生了兴趣，我们便把拖把交给她，让她拖地，尽管每次她拖完地，我们要花更长的时间收拾。除此之外，摘菜、倒垃圾、洗自己的袜子、擦桌子，以及出门自己背包、拿部分行李等，都是日常中她需要做的事情。

第十二章
别把孩子养"软"了——不做事事包办型家长

父母不必担心累着孩子。事实上,孩子们远比大人想象的更喜欢做家务。在好动而停不下来的孩子看来,这些都是玩——跑来跑去倒垃圾是玩,洗袜子叠衣服是玩,弄湿拖把去拖地更是孩子最喜欢的玩水游戏。

提到家庭教育,许多父母把功夫都下在孩子的智力开发上,却忽视孩子的品德培养和劳动习惯的养成。这样做,对孩子的成长其实很不利。让孩子从承担一些家务开始,逐渐培养孩子的责任心,可以让孩子更懂事。

现代家长,懂得科学育儿理念的人越来越多,我相信有很多人看过中美儿童家务对比清单。

清单显示,美国儿童 9～24 个月时自己扔尿布;2～3 岁扔垃圾,整理玩具;3～4 岁刷牙,浇花,取报纸,喂宠物;4～5 岁铺床,摆餐具,把衣服折好放进柜子,准备自己第二天穿的衣服;5～6 岁擦桌子,收拾房间,换床单,准备第二天上幼儿园的各种东西;6～7 岁洗碗盘,独立打扫房间;7～12 岁做简单的饭,清理洗手间,使用洗衣机,帮忙洗车,扫地拖地,清理洗手间、厕所,把垃圾箱搬到门口街上。

而中国儿童 9～24 个月时认字;2～3 岁背唐诗;4～6 岁开始各种才艺学习;6～12 岁忙着写作业、补习班和才艺兴趣班。

媒体披露,各国小学生每日家务劳动时间为:美国孩子 1.2 小时,韩国孩子 0.7 小时,英国和法国的孩子 0.5～0.6 小时,而中国孩子不足 0.2 小时。城市里的孩子家务劳动的时间更是少之又少。

为什么各国都在提倡让孩子做家务?做家务究竟对孩子有哪些好处?

父母强大了，孩子才优秀：
改 变 孩 子 先 改 变 自 己

首先，从生理发展上看，做家务劳动有助于手部的骨骼和肌肉的发育，也有助于大脑顶叶和额叶的运动指令系统的完善。手是一个人最灵巧、最精细的部分，虽然只是全身的一小部分，但其对应的大脑皮层的感觉、运动区域所占面积和拥有细胞的数量却极为庞大。大脑的发育和活动，依赖对外界各种感觉刺激的接受，手是感知世界的重要器官，手的灵巧性是大脑皮层成熟度的重要体现。手部的锻炼，可以极大促进大脑的发育。

很多家务活都要运用手指的精细动作，不但能反映出孩子的动手能力和听觉、视觉运动的协调能力，更能反映人的精细感觉对外部刺激的分析和综合能力。不同的家务劳动还可以促进手臂、手腕、手指、手眼、手耳等不同部位的协调。

其次，从儿童性格与行为习惯上看，做家务劳动不仅可以培养孩子爱劳动的好习惯，还可以让他懂得，他是家庭的一分子，他对这个家有责任和义务，不能一味索取不付出；而这，有助于他了解爸爸妈妈对家庭的付出，并且更爱爸爸妈妈。

研究者马蒂·罗斯曼发现，做家务能让孩子懂得"奉献"对家庭的重要性，进而让他们长大后成为善解人意的人。经常做家务的孩子与不做任何家务的孩子相比，长大后更容易拥有成功的事业，和朋友及家人能相处得更好。

此外，让孩子做家务，还可以增强他的自信心。孩子每一次成功做完一件事，都会对自我能力产生新认知，自我效能感大大提高，觉得自己很有用，充满自信心。

那么，如何培养孩子积极做家务的习惯呢？

我们要注意以下几点：

第十二章
别把孩子养"软"了——不做事事包办型家长

1. 尽早培养

孩子在蹒跚学步时,家长就可以让他做把果皮、纸屑、用过的尿不湿扔进垃圾桶,把尿垫、脏衣服扔进盆里等简单的活儿,然后随着年龄增长不断"加码",安排孩子做力所能及的事,比如帮大人拿东西、跑腿儿。3岁以后,可以渐渐增加家务的复杂性和强度,让孩子整理玩具和书,洗袜子和小毛巾,叠衣服和小被子,擦桌子等;6岁以后可以让孩子独立担当起一些职责,比如倒垃圾、打扫房间、洗碗盘、使用洗衣机等。

2. 不要嫌弃他动作慢而忍不住代劳,要让他觉得自己做得很棒,以增强他的自信心

如果父母总在孩子做家务时说"你做得这么慢,我还不如自己干",孩子就会觉得自己能力低下,渐渐对自己失去信心,再也不愿意动手。越不动手越做不好,越做不好越容易否定自我,最后形成恶性循环。

嘟嘟4岁开始拖地,起初根本拖不干净,但我们绝不当着她的面重拖,避免给她带来"我做得一点都不好"的打击。我们总是在她不在的时候悄悄重新拖干净,于是她常常很骄傲地说"家里这么干净,是因为我拖得好",自信心越来越足,也越来越爱拖地。6岁的时候,她已经能很好地掌控拖把,把地面拖得极为干净。

3. 及时表扬

当孩子做完家务,一脸骄傲看着你的时候,他其实是在等待你的肯定,我们一定要及时微笑并给出表扬。表扬的话语也是有技巧的,不能说"谢谢你帮爸爸妈妈做事情",这会让她觉得是在帮父母做事,而非完成自己应尽的义务;最好是说"你衣服叠得真整齐,下次你穿起来一定很舒服"、"地拖得这么干净,你自己住起来也很舒服吧",要让他觉得他是在为自己做事,他对这个家庭有责任与义务。

父母强大了，孩子才优秀：
改 变 孩 子 先 改 变 自 己

    4. 切莫利诱

    对孩子干活的最好鼓励是微笑、拥抱以及表扬他很能干，或是当着他人面褒奖孩子。如果孩子做了家务就给钱，会让孩子觉得有价值的并不是劳动本身，导致孩子过分注重金钱，轻视劳动的价值；还会让他觉得他只是在赚钱，而非承担应尽的义务。

- 俗话说"心灵手巧"，其实是手巧心则灵。引导孩子进行家务劳动，可以锻炼孩子手部功能，进而促进大脑发育。
- 让孩子分担家务，既锻炼他的动手能力，也能培养他对家庭的责任感，还能帮助他早日独立自主，更能增强他的自信心，有百利而无一害。

二、让孩子"自作主张"

    孩子的人生需要自己做主，尽可能给孩子"自作主张"的机会，让他们自己做出选择。这既是父母尊重孩子的表现，也可以锻炼孩子的能力。

    有位妈妈对我说过这么一件事。她儿子两岁的时候，特别喜欢说"不"。她帮孩子穿衣服，孩子说"不"；她让孩子吃饭，孩子说"不"；连她把孩子最喜欢的毛绒玩具球拿出来，孩子依然说"不"，然后自己跑去玩积木了。

    这位妈妈跟我感叹："这么小的孩子怎么就这么不听话呢？"

    我问她是怎么做的，她说，为了不养成孩子"任性"的坏习惯，她坚决阻止并批评了孩子，经过很长一段时间的努力，孩子才终于不再

第十二章
别把孩子养"软"了——不做事事包办型家长

反抗。

我很感慨,这位妈妈不知道,孩子这些"不"恐怕不是出于"任性",而是因为正处在自我意识的萌芽期。这一时期的孩子拒绝父母的要求,多半不是要反对父母,而是想对自己的事拥有主导权。

孩子从两三岁开始进入自我意识敏感期,这一时期,他的自我意识开始萌芽,从对父母的依赖渐渐走向渴望独立,表现为常常违背大人的意愿去做自己想做的事情。

孩子从婴儿时期对父母完全依赖的状态,慢慢发展到产生自我意识、建立自信、试验探索的阶段,是成长过程中重要的飞跃。他慢慢感觉到可以掌控自己的行为,进而产生自我意识。自我意识,是一个人成为独立的人的重要心理前提。

有些父母不懂得尊重孩子的心理特点,一味从自己的角度出发为孩子做决定,虽然很多时候他们的出发点是好的,但是对于孩子来说可能并不是最好的成长方式。孩子有自己的思想,他们需要用行动来表达自己的思想,如果总是由父母来铺路,孩子就会有过度的依赖性。

父母一定要正确对待孩子自我意识的萌芽,既要有原则,也要尊重孩子的个性发展,只要孩子的"自作主张"不会伤害自己、他人,都要给予帮助、鼓励和支持,使其独立性不断发展。选择和责任是相辅相成的,人的责任感是在不断地自我选择中形成的。多给孩子一些自主选择的权利,让孩子对自己的事做主,也是培养孩子责任心的需要。

随着孩子长大,他会越来越喜欢"挑战"父母的命令。父母越是说这件事你做不好,他越是渴望尝试。这是因为,随着活动能力的增强,思维能力的发展,孩子会越来越有主见,渴望把自己的想法转化成行

父母强大了，孩子才优秀：
改 变 孩 子 先 改 变 自 己

动，并坚信自己可以完成这些事情。因此，他往往违抗大人的命令，去做那些家长不希望他做的事情。

此时，孩子有独立的想法，但毕竟缺少经验和能力，所以常常"做不好事"。父母眼里，这样的小孩很麻烦，总是闯祸。但是我们要明白，在孩子主动动手动脑的过程中，他的能力会不断地发展；多给他尝试的机会，他会发展得更好。

有的时候，孩子坚持己见，不肯听父母的劝说不做某些危险的事，不是故意和父母作对，而是他对那件事物产生了强烈的好奇心。

对孩子而言，整个世界就像一个大藏宝洞，他们什么都想知道，他们的每一次行为都是在探险、寻宝。通过观察、比较、尝试，他们在摸索这个陌生的世界。每一次坚持己见，都是他们满足自我探索世界的好奇心的一种方式。探索是孩子获取知识的重要条件，也是孩子进行创造性活动的推动力。从探索中认识世界，将未知变成已知纳入自己的知识体系，对孩子来说是件很愉快的事情。

但我们也要看到，由于能力有限，孩子往往做不好想做的事情，有时甚至会伤害自己。嘟嘟就有过抢着帮我端碗而打翻热汤碗，险些把自己烫伤的经历。所以，家长要辛苦一些，做好必要的保护措施。但，千万不要过度保护，以至于限制孩子的探索行为。

要培养一个充满创意和想象力的孩子，取决于父母的引导，是否能够提供一个让宝宝探索认识世界的环境。爸妈们不要太过保护，也不要麻痹大意。

在孩子的成长中，有两个大的转折点，一个在孩子两三岁，另一个在青春期，心理学中称为"叛逆期"、"急速成长期"或儿童的"反抗

第十二章
别把孩子养"软"了——不做事事包办型家长

期"。在此期间,你会感到孩子似乎不像往常那样听话,一点小事都可能引发父母与子女间的冲突。有些父母因此火冒三丈,也有些父母因此觉得沮丧、失败,甚至对自己的教育能力表示怀疑。

父母们不用着急,要明白,在人生的第一个反抗期里,孩子对父母的依赖与信任远远超过青春期。孩子说"不",或者和父母唱反调的时候,并非针对父母,也非针对某件事,他只是想表达,他已经长大,他有权利否定一些事情。如果父母能够用尊重和理解的态度对待他,他的反抗就比较容易得到化解。

总之,在儿童的"叛逆期"出现亲子冲突是再正常不过的事情,父母们不必恼火也不必沮丧。以接纳和理解的态度去倾听孩子"叛逆期"的心声,释放部分权利,让孩子自己做选择,可以帮助孩子顺利度过这一时期。

我们可以看到,当孩子独立活动的要求得到某种满足或受到成人支持时,他常常会表现出得意、高兴的神情,出现"骄傲"、"自豪"等最初的自我肯定的情感和态度,从而不断增强自信心。如果父母理解并尊重这一点,那么释放部分的权利对孩子的发展是有利的。但是,我们也要看到,孩子毕竟是孩子,有时候无法做出正确的选择,那么,我们该怎么做呢?

首先,我们可以与孩子一起制定一个规则。人人都要遵守这个规则,超出规则之外的坚决不允许;规则之内的,则让孩子自己选择。

有时候,孩子出现各种问题,只是因为父母管得太多太严。与其一遍遍地唠叨、说教,不厌其烦地督促、纠正,不如先划出界线,定下规则,规则之内把自主权还给孩子,让他自己选择,自己对自己负责。你会发现,当父母真的"撒手",孩子会慢慢学会管理自己,很多问题在

父母强大了，孩子才优秀：
改 变 孩 子 先 改 变 自 己

不知不觉中迎刃而解。

其次，当孩子自己做选择的时候，父母一定要注意语气语调。如果你用硬邦邦的语言说"我不管，你自己决定，这是你自己的事情，与我们无关"，孩子会觉得爸妈生他的气了，爸妈不允许他那样做。所以，我们的语气要温柔而诚恳，告诉孩子，爸爸妈妈鼓励他"自作主张"，也相信他一定能够做好。

再次，孩子在做出自己的选择时，也要参考父母的意见，如果自己想做的事情自己又确实完成不了或无法完成时，在父母提出善意的反对时，要充分考虑父母的意见，量力而行。

我们一定要明白，人生的每一段路都有意义，走弯路也好，走进死胡同也罢，它都不是毫无意义的，最后都让你变成今天的自己。鼓励孩子不断从"自作主张"中学习经验，总结教训，提高能力，是让孩子更优秀的必经之路。

- 父母要从小培养孩子自己做主选择的能力，在一些事情上，孩子能自己做主的，让孩子自己做主选择，孩子感兴趣的事情，放手让孩子自己去做。
- 也许他们做出的选择不一定正确，但是这也是对于孩子的一种尊重，尊重孩子的选择权同时也培养孩子的辨别能力。
- 一个没有独立自主思想的孩子，很难在竞争激烈的社会中立足。
- 孩子在自己做选择的过程中，可以培养战胜困难的顽强意志，形成遇事冷静，有自己的主见的心理素质。

第十二章
别把孩子养"软"了——不做事事包办型家长

三、教孩子如何解决问题，而非替孩子解决问题

有一天，奶奶把嘟嘟接回家后，嘟嘟一脸着急、紧张地告诉我们："今天离开幼儿园的时候，小凳子好像没放好。老师说过，如果不放好的话，小凳子就会不见了。"

同样一句话，她紧张地重复说了好几遍。

"没有小凳子坐，那上课就站着吗？"嘟嘟爸爸问。

"是的。"嘟嘟一副马上就要哭出来的样子。

这已经是她第二次跟我们说起小凳子忘记放好的事情，我们立刻引起了注意。

嘟嘟爸爸第一时间用"共情"的方式安慰她："我小时候也有过凳子没放好的事。"

"你小时候也有过吗？"嘟嘟惊讶地看着爸爸。

在得到肯定的回复后，她的情绪明显稳定了许多，紧接着又问："那你第二天怎么办？"

这时，嘟嘟爸爸露出为难的神色。他不能骗孩子，也不清楚老师明天会怎么处理，只好说："罚站了一会儿。"

听爸爸说罚站，嘟嘟原本稳定的情绪又开始激动起来："那怎么办？"

看着孩子担心的样子，我有点难过。由于时间尚早，幼儿园还未关门，我们可以带着孩子再回幼儿园确认一遍，让她把小凳子放好。但转念一想，压力、挫折、失败是人生中的正常现象，甚至是生活的常态；从小学习面对，长大后才会愈发自信、坚强。这不是她第一次忘记放凳子，今天如果我们带她回幼儿园重新放，替她解决这个问题，可能只是

父母强大了，孩子才优秀：
改 变 孩 子 先 改 变 自 己

暂时解决了今天这一次，以后她还会忘记放凳子，还会有下一次欲哭的经历。所以，我们不能替她解决这个问题，而应该教会她如何解决问题。

我们和嘟嘟商量讨论后，嘟嘟提出建议，每天接她放学时提醒她一遍。我们把这个"由家长提醒"进行了改良，决定做一个"小凳子"提醒语，由嘟嘟自己提醒自己，我们不进行干预。

于是，嘟嘟爸爸用皮筋、塑料片制作了一个手环，在塑料片上用细的记号笔画了一个小凳子，代表"每天放学离开教室时，回头看看小凳子"。

第二天开始，嘟嘟戴着手环去上学了。一开始她还是会有疏漏，偶尔有时候放学忘记看手环，以至于忘记放好小凳子。但是随着时间的推移，她慢慢养成了每天放学看手环、放凳子的习惯，再也没有忘记过小凳子。在不用看提醒也能记得放凳子后，她自己主动要求摘下了手环。

做父母最重要的职责之一是教会孩子如何解决问题。

在孩子遇到问题的时候，我们最好不要过早"救援"。否则，孩子会失去自己解决问题的能力。孩子天生就好奇心强烈、创造力丰富、恢复能力强；只要父母稍加引导，他们就能运用自己的才智成功解决问题。我们需要做的就是鼓励他们学会考虑事物正、反两面，思考多种解决办法，然后选择最好的对策。

心理学研究表明，孩子解决问题的能力比我们想象的强得多。孩子能否成功解决问题，更多地决定于他们的经历而非聪明程度。

这句话的意思是，孩子很多时候解决不了问题，不是他不聪明，而

第十二章
别把孩子养"软"了——不做事事包办型家长

是他没遇到过类似问题,没有经验。我们家长不也是这样吗,经验丰富后,处理相应事情的能力才会提升。

比如幼儿园里曾经有个小男生,把一碗热汤打翻之后,竟然呆呆坐在那里,不知道要避开。这是他笨吗?完全不是。他只是没遇到过类似事情,家里打翻饭碗总有家长及时处理,他没有被烫过,也不知道自己应该怎么做。

孩子只有在自己认为没有能力解决问题时才会寻求帮助,但是很多事情是孩子完全有能力解决的。比如上面这个小男孩,躲开热汤、收拾桌子他完全可以做到,他只是没遇到过类似情况,一时反应不过来。

所以,父母可以有意为孩子创设自我解决问题的机会和条件,故意设置一些困难场景锻炼孩子,让他积累相关经验。比如让他打电话给快递公司,请快递员上门收件;让他在陌生环境中找人问路;让他自己在野外自己做路标,寻找回去的方向,等等。别小看这些事,孩子能从中得到不少锻炼,不仅能学会与人沟通,还能增长应对生活中复杂情况的能力。

在增长相关经验的同时,我们还要训练孩子思考处理问题的方法。

父母最好经常向孩子提一些问题,特别是在生活中经常遇到的问题,激发孩子思考多种解决问题的办法,比如受到大孩子欺负怎么办,到达一个陌生的地方如何问路,等等。很多时候,孩子的解决办法不正确,甚至荒诞可笑,但是不要指责他,一定要用一种欣赏的态度鼓励他把自己能想到的办法都说出来,然后和他一起讨论这些办法是否可行,并选出大家公认的最佳办法。这种训练重复得多了,孩子面对问题时就能想出尽可能多的解决办法,更灵活、更有创造性地解决问题。

- 授人以鱼不如授人以渔,与其帮孩子解决问题,不如教会孩子解决

父母强大了，孩子才优秀：
改 变 孩 子 先 改 变 自 己

问题的方法。
- 压力、挫折、失败是生活的常态；从小学习面对，长大后才会愈发自信、坚强。千万不要因为担心孩子受挫折而替他解决问题，那样只会使他的抗压能力越来越弱。
- 帮助孩子积累做事经验，训练他多角度思考、处理问题，对孩子的成长大有裨益。

四、男性家长，请为孩子多补"钙"

男性家长（主要指父亲，也包括爷爷、外公等）就像是孩子成长中所需要的"钙"，对于塑造幼儿健康的人格、坚强勇敢的性格以及良好的思维方式非常重要。

受多方面因素的影响，我国学前教育阶段"男性教师"的比例不高。根据《中国教育报》2005年3月的一份调查报告显示，当时全国男女幼儿教师比例为3∶97。十多年过去，这种情况不但没有好转，反而变得更加严重。最近一份《中国教育统计年鉴》数据显示，中国幼儿园教职工总数100万人左右，其中男性约1万人；中小学男教师比例略高于幼儿园男教师，但依然远比女教师人数少。因此，我们需要男性家长及时"补位"。

湖南卫视亲子互动节目《爸爸去哪儿》得到了很多人的关注，在萌娃、明星、囧事成为人们津津乐道的谈资时，这档节目背后也深深触动了家庭教育的一根神经——男性家长教育的缺失。

男性家长在家庭教育中非常重要。

耶鲁大学的研究表明，由男性带大的孩子智商高，将来走向社会也

第十二章
别把孩子养"软"了——不做事事包办型家长

更容易成功。这并不是否认妈妈的作用,但爸爸给孩子想象力、创造力方面的影响确实可以使孩子变得更聪明。

相比于女性家长的琐碎细致,男性家长更注重孩子的整体发展,而不太关注细枝末节。妈妈时常强调孩子要听话,而在爸爸的教育中,孩子更为自由,爸爸们的"放养模式"少了一份呵护和小心翼翼,却多了一份自由和历练,让孩子去尝试自己想做的事。

有人戏说,男家长带孩子有三个特点:懒惰、粗心、贪玩。

然而我们要看到,正是这种看似不负责任的行为,让孩子能够成长得更好,而这种"更好"是女性家长很难给予孩子的。

男性家长"懒惰",他们不像女性家长那样无微不至,他们总是让孩子自己动手解决问题,鼓励孩子自己的事情自己做,这正好激发了孩子的主观能动性,减少孩子不必要的依赖。

男性家长"粗心",他们不像女人细腻,也不像女人容易斤斤计较,护子心切。他们常常大大咧咧、粗枝大叶,不计较小事情、小细节。这种"粗"影响到孩子,孩子也会更加豁达大气,不至于婆婆妈妈、斤斤计较。多一份豁达和大气,对于孩子,无论男女,都是非常重要的。

男性家长"贪玩",面对一个新玩具、一件新事物,他们有时候表现得比孩子还兴奋。通常情况下,女性家长希望孩子能够循规蹈矩,不要整天拆坏东西;而男性家长则往往允许甚至鼓励这种"破坏力"的存在。孩子的"破坏力"常常源于对新事物的兴趣和探索,男性家长的允许与鼓励,不仅培养了孩子的动手能力,还激发了孩子的想象力和创造力。

此外,男性家长在孩子的成长中,还有更重要的作用。

著名人格心理学家莱格说,任何一个人的身上既有男性特质,也有女性特质,只有平衡发展才是健全的人格。男性家长的热情、宽厚、敢

父母强大了，孩子才优秀：
改变孩子先改变自己

于冒险、勇于坚持等特征，会让孩子在不知不觉中模仿和学习。这些与孩子从女性家长处得到关心别人、同情心、温和、善良等方面的品质结合起来，方能形成孩子较完善的人格基础。

不论男孩还是女孩，其成长过程实质上是性别社会化的过程。幼儿天性喜欢模仿，教师与家长是幼儿心中的权威。男孩子会更好地从成年男性那里观察、模仿男性的语言和行为，逐步树立"男子汉"、"大丈夫"的气概，明白什么才是男人，帮助他在未来维持稳定的婚姻与家庭关系；女孩则会更好地从成年女性那里学会女性的善解人意、关爱他人、耐心、细心等女性特征。

在观察、模仿同性家长的同时，孩子也在异性家长的身上潜移默化地接受一些异性特征的影响。对女孩子来说，她需要通过父亲来认识男人是什么样子，未来两性关系发展时才不容易被欺骗、欺负。通过模仿父亲，女孩也会更加独立、坚强。而男孩子也在学习母亲的温柔善良，从而不乏爱心。

- 男性家长一般鼓励孩子自己动脑动手，而女性家长则喜欢"越俎代庖"。家长若能清楚地认识到这种性别差异带来的教育差别，在教育上相互协调、取长补短，相信孩子在和谐、刚柔并济的家庭教育中会变得更聪明、能干。
- 以父亲为代表的男性家长，是孩子男性特质发展的榜样，也是孩子认识男性的窗口与纽带。男性家长，能够让孩子形成正确的性别认知，平衡发展健全的人格。
- 缺乏父爱的男孩子在性格方面更容易出现"女性化"倾向。在性别确认的问题上，男性家长的作用是女性家长无法取代的。男性家长的陪伴，对孩子的性别认同以及未来的婚姻关系有很大影响。

第十三章
从心所欲不逾矩——让规则意识深入孩子内心

一、规则意识的重要性

俗语说"没有规矩,不成方圆",人类生活离不开规则的制约,它是人类社会性适应的依据。对儿童而言,规则有着更重要的作用。

首先,规则意味着自由。家长必须明白,"自由"与"放纵"是完全不同的两个概念。自由的保障,来自于对自由的限制。自由以规则为前提,讲求的是"从心所欲不逾矩";而放纵等同于放任自流,任孩子"越界"也不加管束。为孩子提供自然、安全的心理环境,让孩子放松地活动,尊重孩子,这些给予孩子的自由并不等于放纵孩子。

其次,规则意味着安全感。儿童早期安全感的建立十分重要,"动荡"的生活会带给他们不安的感觉,从而导致心理阴影。而限制可以让孩子在困难重重的世界中取得平衡,不然孩子会弄不清可不可以做,因此产生恐惧感。孩子需要大人帮他定下规矩和限制,让他知道在怎样的范围里自己才是安全无虞的。重复性的、有规律的生活会让他们与生活

父母强大了，孩子才优秀：
改 变 孩 子 先 改 变 自 己

保持"默契"，让他们觉得有安全感。而当他们意识到，规则可以帮助他们建立安全感后，他们就会意识到这些规则存在的必要性，从而逐渐习惯规则。

再次，规则意味着安全的界限。孩子 3 岁前的规则应该以保护孩子自身的安全、不伤害他人和公物为界限。比如，刚学会走路的孩子，会情不自禁地到处跑。父母要为孩子制定规则，让他在随大人出门时，抓住大人的手、衣服，不允许自己乱跑，免得生出意外。

最后，规则意味着良好的人际交往。守规则的孩子更容易与他人相处，也更容易适应世界。比如，让孩子懂得"排队轮流玩"的规则，在别的小朋友玩玩具的时候，不能抢夺；在需要排队的游戏（如滑滑梯等）中需要按顺序耐心等待……这些都能让孩子与同伴融洽相处，长大后也能更好地适应社会。

总之，父母制定规则的目的并非限制孩子的自由，也不是站在孩子的对立面去束缚孩子。制定必要的规则，是为了引导孩子建立行为规范，养成良好的生活习惯，学习人际互动，保护自己和他人的安全。

- 儿童时期是萌生规则意识和形成初步规则的重要时期，父母一定要把握住。
- 规则教育有利于帮助孩子培养良好的生活习惯，促进孩子健康发展；有利于帮助孩子适应社会，更好地成长；有利于培养孩子的独立性，形成良好的品质。
- 播下行为，收获习惯，播下习惯，收获性格。规则意识的培养不仅是孩子现有学习、生活得以有序开展的保证，更是将来成为社会人的必备基础。

第十三章
从心所欲不逾矩——让规则意识深入孩子内心

二、为孩子制定合理规则

规则是对自由和空间提出的相对的限制与约束，它是一种良好的规范和秩序，可以使人的活动得以顺利进行，发挥更大的自由度，享受到更多的乐趣。孩子在遵守规则时不应感到压抑、不愉快或是难以忍受。为此，我们要为孩子制定合理规则，给孩子"从心所欲"的空间，避免不必要的争执与冲突。

1. 规则应建立在孩子充分理解的基础上

在给孩子制定规则前，父母最好能先让孩子懂得，我们为什么要制定这条规则，这条规则带来了哪些益处，它与生活有着怎样的密切联系。只有孩子充分明白了这条规则的重要性和必要性，他才会从内心里愿意遵守，而不只是出于父母的逼迫去执行。此外，将规则制定在孩子理解的基础上，也是尊重孩子的表现，会让孩子更加懂得人与人之间相互尊重的重要性，为他今后的生活打下良好的基础。

为了让孩子能够充分理解规则，父母在给孩子讲解规则时一定要注意语言的简短、精练、条理清晰、便于记忆。切不可啰啰唆唆、长篇大论，以免孩子抓不住重点、记不住规则，或是产生厌烦情绪。

2. 根据儿童心理特征制定合理规则

制定规则的目的在于教育孩子养成良好的行为习惯，帮助孩子今后更好地生活。如果父母仅仅为了自己的方便和感受，给孩子制定一些伤害儿童情感或者不符合儿童心理发展特性的规则，比如"爸爸玩游戏时不许打扰"、"妈妈看电视时不要出声"，那对孩子而言是伤害，而非

父母强大了，孩子才优秀：
改变孩子先改变自己

帮助。

在这个过程中，父母一定要充分了解孩子的心理特性，明白哪些是不合理的限制条件。比如有很多父母规定孩子不要在家里乱翻抽屉和柜子，却发现孩子无论如何都不能遵守，于是大发雷霆，批评指责孩子。这其实是不了解孩子的心理。孩子在一两岁的时候，会通过探索家中环境来探索世界。打开抽屉和柜子，对他们而言是发现世界的"寻宝"过程。这个过程中，他们的好奇心能得到满足，探索能力能得到发展，对周围环境的认知也更充分。如果有些抽屉里有贵重物品不能让孩子翻找，父母不妨事先锁上或藏在孩子够不着的高处；其余的抽屉，尽管让孩子去翻找发掘。

3. 让孩子参与规则的制定

最好能让孩子参与家庭规则的制定。全家一起制定的规则，才可以称为家庭规则。如果孩子只能被动遵守，他会觉得这个规则不是我愿意的，容易产生抵触心理。所以，家庭规则制定的时候，父母应与孩子商量着来，先告诉孩子底线——哪些是必须做到的，哪些是一定不能做的；然后孩子告诉父母他的想法，补充和修改规则。

参与制定规则，不但有利于孩子对规则的认识与理解，而且能提高孩子独立自主的能力，增强他的主人翁意识，有助于孩子遵守与执行规则。比如，我们家的规则之一"拿别人的东西，一定要经过别人允许"是嘟嘟制定的，她说她讨厌幼儿园里抢她玩具的小朋友。因为她是规则的制定人，所以她非常乐意去遵守和维护这条规则，每次使用我和她爸爸的东西，都一定会先告知我们，并征求我们的同意。她还将之推广到了幼儿园中，在与其他小朋友的相处中也恪守着该条规则。

第十三章
从心所欲不逾矩——让规则意识深入孩子内心

4. 规则条目不宜多

规则若繁杂,孩子就容易忘记其中一些,而无法很好地遵守;有时还会由自己遗忘的情况推断父母也会遗忘,刻意隐瞒违规行为,并寄希望于不被父母察觉。此外,家庭规则太多,就容易流于琐碎,对孩子的管教容易走向严苛的极端,不利于培养孩子大气的性格。

所以,家庭规则只要保证基本的几点就够了。在规定了大方向的前提下,对孩子的管教,宽松比严格好。比如,我们家的家庭规则只有"答应别人的事情要做到"、"有话好好说,不要哭哭闹闹"、"轮流说话,别人说话时认真听"、"拿别人的东西,一定要经过别人允许"、"请求别人帮助,要说请和谢谢"这几条,孩子与大人都很容易记住,执行起来也很方便。

5. 规则越明确越好

我们制定出来的规则应该具有可执行性,也就是说,越明确越好。比如,当父母的规则是"好好吃饭"、"好好睡觉",或者"做个听话的乖孩子"时,孩子就很难执行。在孩子看来,他已经在好好吃饭睡觉了,可依然达不到父母的要求。所以,规则的要求要具体,比如"好好吃饭"改成"吃饭时坐在儿童餐椅上"、"不许挑食,桌上的每样菜都要吃"、"不许玩食物";"好好睡觉"改成"10点之前必须上床睡觉"、"熄灯睡觉之后不可以说话,也不可以偷偷玩玩具";"听话"改成"不可以在桌子上跳上跳下"、"玩具不可以乱丢",等等,孩子就会知道自己应该怎么做。

- 孩子理解了规则的意义,接受了它的存在,但若要使这种认识内化为习惯性的行动还需要练习和强化。父母要有耐心,不断培养孩子

父母强大了，孩子才优秀：
改变孩子先改变自己

的规则意识，帮助孩子将规则内化为习惯。

- 避免以说教为主的方法，避免简单、粗暴的批评训斥等方法。了解孩子年龄特点和心理需求，在孩子的可接受范围内制定规则。
- 让孩子参与规则的制定，与孩子商量规则，保证这些规则是孩子可以接受的，孩子才能愉快地执行规则。
- 规则条目不宜多，要求越明确越好。

三、执行规则的方法与原则

孩子毕竟是孩子，能力有限，行为会反复，违规现象不可避免。如果想要让孩子更好地遵守规则，我们除了为他制定出合理规则外，也要掌握一些执行规则的方法。

1. 规则之内，给孩子自由选择的机会

"独立之精神，自由之思想"是一个人最重要的品质之一，从孩子小时候父母就应该注意培养。给孩子自由，意味着让孩子有自主选择的机会。越早给孩子自由，孩子越有机会学会自我管理，也越能感受到来自父母的尊重。

当然，绝对的自由，不管在哪里都是行不通的。我们应该给孩子划定规则范围，告诉孩子，在规则之内，他是自由的，有自己选择的机会；一旦超出规则，一切自由都将被取消。

比如，嘟嘟自从进入性别与审美敏感期后，每天早上去幼儿园之前，都要自己挑选衣服。于是我们定下规矩：她有权自己选择当天的衣服，但必须满足两个条件，一是保证温度适宜，不能过冷或过热；二是保证速度，挑选衣服时间不能超过10分钟。

去超市也是一样。嘟嘟每次去超市都会逗留在零食区或玩具区不肯

第十三章
从心所欲不逾矩——让规则意识深入孩子内心

走,这也想买,那也想买。于是我们规定,零食加上玩具,一次最多买两件,在两件的范围内,无论价钱多少,任她挑选。自从有了这个规定,她每次都很慎重地做出选择,总会选择自己最喜欢的东西。

此外,孩子如果做出选择,就要让他学会承担相应的责任。比如嘟嘟有一个特别喜欢的兔子玩偶,每次出门都想带上。我告诉她,可以带上,但是必须自己照看好,爸爸妈妈不负责看管。一次,她带着兔子玩偶去了儿童公园,发现抱着玩偶,很多游戏项目都无法进行,连最喜欢的挖沙都腾不出手。从此以后,她再也不抱玩偶出门了。

2. 不行就是不行,不因哭闹而改变

心理学实验中有一个"老鼠压杠杆"的实验。当老鼠发现压杠杆能获得食物时,它会频繁压杠杆。如果将每次压杠杆都掉落食物这一设置改成多压几次才会掉落,老鼠就会疯狂压杠杆,没完没了。而当老鼠发现,无论如何压杠杆都无法获得食物时,它就会停止这种行为。

教育孩子也是一样的。如果孩子通过发脾气、吵闹等方式,成功地让家长允许他破坏规则,他就会不断尝试破坏规则,并一次比一次哭闹得厉害。

在破坏规则的过程中,只要有一次给他留下"哭闹可以达成目的"的印象,他就会变得无休止地闹腾。所以,我们要从一开始就让他知道,不行就是不行,没有例外。

3. 给孩子转换的时间

孩子需要时间适应转换。如果没有缓冲时间,他会比较抗拒执行规则。比如,家庭规则是"9点准时睡觉",而孩子一直搭积木搭得很起劲,那么9点时突然要求他立刻放下手中玩具上床睡觉,他会很难接

受，从而产生抵触心理。如果父母在 8 点 55 的时候就提醒他时间，留 5 分钟让他适应，则会更容易接受。

4. 事先提醒破坏规则的后果

与其等到孩子破坏规则时告诉他如何处罚，不如在事情发生前提出明确的警告，让孩子知道，破坏规则需要承担怎样的后果。如果事先不告知，事后又惩罚孩子，孩子就会不服气，觉得这不是我的错，而是你没有告诉我。

比如，孩子非常喜欢公园里的花朵，总是想要采一朵回家，那么父母从一开始就要明确告诉他："公园里的花朵是给大家看的，你只能欣赏不能动手。如果你不听话，我们立刻离开公园，今后三个月里都不再来。"

如果孩子忍不住诱惑，还是伸出手去，父母应该立刻执行刚才的提醒，阻止他的摘花行为并将他抱走，带他回家；无论他怎么哭闹请求或是保证绝不摘花，今后三个月里坚决不去公园。

5. 违规就要惩罚

学步期的孩子喜欢不断挑战父母的权威，故意违反父母的要求做事。

幼儿心理学家罗斯蒙特说："所有的孩子对于规矩都会加以测试，唯其如此，他才能知道这些规矩到底存不存在。规矩是要展现出来的。光是告诉孩子应该遵守规矩，孩子无法信服。"

如果在孩子违反规则时，父母只是喋喋不休地数落他，或是情绪激动、脸色铁青地责骂他，却没有实际的处罚措施，那么，不仅无法达到纠正的效果，反而会让孩子渐渐把父母的话当作耳旁风。

第十三章
从心所欲不逾矩——让规则意识深入孩子内心

所以，我们要让孩子清楚违规的后果；一旦孩子不遵守规矩，就要给出相应的惩罚。比如，当孩子在儿童乐园玩游戏时插队，违反了"排队轮流玩"的规则时，我们可以用停止游戏、两个月内不许去儿童乐园等方式进行惩罚。当然，这个惩罚不要以体罚的形式出现，而要以其他有效形式呈现。体罚除了激发孩子的暴力倾向，别无其他好处。

6. 家长以身作则，树立榜样

幼教专家西尔斯博士在《规范书》中写道："孩子的心智就像海绵，强力吸收生活的经验；又像是一台摄像机，听到和看到的一切影像都会储存在脑里，等日后再提取出来。尤其是孩子生活中重要的人一再重复的行为，会在孩子的脑海里打下烙印，并逐渐塑造出孩子的个性。所以父母的责任之一，就是让孩子吸收良好的东西。"

孩子会不断观察父母的行为，他从身教中学到的东西远远超过言教。如果父母一味要求孩子遵守规则，自己却不遵守规则，孩子就会无视父母的言语，而去模仿父母的行为。

比如有很多父母一边对孩子说，过马路要看红绿灯，要走斑马线，一边常常带孩子横穿马路。这种情况下，孩子会觉得即使不遵守规则也是没有关系的。等他大了，也会养成横穿马路的陋习，并且对一切规则都抱有"不遵守也无妨"的心理态度。只有父母同孩子一起遵守所有的规则，树立起良好榜样，才能产生好的效果。

7. 对孩子的要求标准要统一

比如，有些家长不介意孩子出手打父母甚至祖父母，却又告诉孩子"幼儿园里不能打小朋友"，孩子就会弄不清楚到底能不能打人。

所以，父母在制定规则时一定要注意，对孩子的要求标准要统一，

父母强大了，孩子才优秀：
改 变 孩 子 先 改 变 自 己

要根据事情的性质来评价孩子是否遵守了规则，而不是由事情的严重程度来判断。

8. 不要用父母的情绪"绑架"规则

有些家长，在孩子违反规则做错事时，喜欢说"你这样做，爸爸很不高兴"或是"你这么做，妈妈很生气"。这其实是在用父母的情绪"绑架"孩子。面对孩子的错误，父母可以生气，但生气是你自己的事情，不应该由孩子来承担。孩子需要承担的部分是他自己的错误，即事情本身的后果。父母应让孩子看到，他的错误会引发怎样的后果，比如横穿马路易制造交通事故等等，让他对自己的行为负责；而不是让孩子对大人的情绪负责，觉得"我不能横穿马路是因为我爸爸妈妈会生气"。否则，孩子一方面容易忘记遵守规则的真正意义，另一方面也会产生不必要的自责和内疚，甚至对父母的爱产生怀疑。

9. 结合游戏活动对孩子进行规则教育

游戏是孩子们最喜欢的一种活动形式，抓住他们的兴趣点，在游戏中使孩子自然而然地接受相应的规则要求，可以避免脱离实际的说教，收到良好的效果。

在孩子小的时候，还没有上幼儿园、没有固定的同龄伙伴时，父母可以跟孩子一起玩游戏，假装自己是他的同伴，帮助他在游戏中学习如何遵守规则，以便与其他孩子和平共处。

比如，孩子都会有破坏的欲望，喜欢推倒别人的积木，在别人画好的画作上胡乱添几笔，等等。那么，父母可以与他一起玩搭积木，各搭各的。当孩子把父母的积木推倒后，父母也同样把孩子的积木推倒，并告诉他："你推倒我的积木，我也可以推倒你的积木。如果你不遵守规

第十三章
从心所欲不逾矩——让规则意识深入孩子内心

则,就不能要求别人遵守规则。"如果孩子因此哭闹,不妨平静地告诉他,这就是不遵守规则的结果。

- 规则的评判标准必须保持一致,父母也必须严格遵守,以免孩子无所适从。
- 制定的规则必须得到执行,破坏规则的人就应当承担相应的后果。
- 在游戏中帮助孩子了解规则的意义,自觉遵守规则,是符合儿童心理发展的较好方式。

父母强大了，孩子才优秀：
改变孩子先改变自己

第十四章
孩子天生不会撒谎吗——找到谎言背后的真相

一、诚实是人生的重要品质

据《纽约时报》报道，美国堪萨斯城郊的一所名叫 Piper 的高中，118 名二年级学生被要求完成一项生物课作业，其中一些学生从互联网上抄袭了现成材料。此事被任课女教师 Pelion 发觉，判定为剽窃，八名学生的生物课得分为零，并面临留级危险。在一些当事人家长的抱怨和反对下，校方要求女教师提高那些学生的得分，这位 27 岁的女教师愤而辞职。

面对社会舆论压力，学校董事会不得不在体育馆举行公开会议，听取各方意见。结果绝大多数与会者支持女教师。他们认为，教育学生成为一名诚实的公民远比通过一门生物课更加重要。一些公司已经传真给学校索要当事学生的名单，以确保公司今后永远不会录用这些不诚实的学生。

可见，诚实是人际交往与社会准则中基本的道德规范，既是一种道

第十四章
孩子天生不会撒谎吗——找到谎言背后的真相

德品质,也是一种公共义务,更是一个人在社会生活中安身立命的重要基石。

教导孩子信守诺言,做一个诚实的人,对孩子的成长大有帮助。我们应让孩子明白:一个人只有诚实不说谎、信守诺言,才能够建立起良好的信誉。为人诚实会使孩子在今后的人际交往中受到别人的欢迎、尊重和信任,具有诚实的品质往往能使孩子结交更多的朋友,得到更多的帮助,受到更多的关怀。反之,若经常说谎,别人就会觉得你的话不可靠,不愿与你交往,即使你偶尔说真话,别人也不会相信。

此外,一个诚实守信的孩子,长大以后也更容易成为对自己、家庭、社会都能承担起责任的人。

诚实对一个人成长发展来讲,再怎么强调也不过分,所以父母应该从小开始培养孩子的诚实品质,绝不能掉以轻心。

培养孩子的诚实品质,首先要从生活点滴做起。父母应给孩子制定具体明确的规则,要求孩子说真话不说假话,做错事时勇于承认自己的错误并及时改正,答应的事情一定要做到,等等。

在孩子小时候,由于理解能力的限制,抽象地为他讲解诚实是什么,或者诚实的重要性,他很难听懂。此时,我们可以利用讲故事的方式,与孩子共同阅读一些有关诚信的图书,给孩子讲述一些有关诚实的故事(如《狼来了》),讲完之后与孩子一起讨论有关诚信的话题。同时,也可以结合生活中的真实事件给孩子分析诚信的重要性。比如针对社会上坑蒙拐骗的行为,父母要态度鲜明地进行批判,要让孩子坚信,这种弄虚作假的行为必将受到惩罚。利用讲故事的方法在日常中渗透诚实教育,孩子比较容易听懂,也乐意接受,且易落到实处。

发现孩子有不诚实的习惯,父母一定要及时纠正,不要觉得孩子小

父母强大了，孩子才优秀：
改变孩子先改变自己

就无所谓。如果孩子说了谎，而父母不以为意，不去纠正，孩子说谎的动机就会加强，说谎的频率就会加大。

  日常生活中，父母要多从孩子的角度看问题，关心孩子的日常，经常与孩子沟通，认真倾听孩子的心里话，而不要以成人的想法推测孩子的心理。这样不仅能够培养孩子的诚实品质，也能增进彼此间的感情，还能及时了解到孩子的动向及心理变化。

  如果孩子真的撒谎了，父母应及时了解孩子这么做的原因是什么，及时掌握此时此刻孩子的心理状态，洞察他们不诚实背后的深层次原因，寻找恰当的时机进行教育与纠偏，将这种不良倾向及早扼杀在萌芽中，千万不要简单粗暴地批评了事。

  总而言之，家庭是儿童品德成长的重要环境，家庭教育是儿童优良品质形成的奠基石。在充满民主、爱心和责任感的家庭中，孩子的诚实品质才能得到健康成长。

- 为人诚实会使孩子在今后的人际交往中受到别人的欢迎、尊重和信任，这对孩子的身心健康发展无疑有重要作用。
- 加强对孩子诚实品质的培养，能使孩子抵御不良品质的侵袭。孩子一旦形成诚实的品质，就不容易在父母、老师、同学面前弄虚作假，当面一套背后一套。这对他的人际关系发展无疑有重大意义。
- 我们要有长期坚持的耐心与体察孩子隐情的细心，将诚实教育渗透于日常生活的琐碎点滴中。

第十四章
孩子天生不会撒谎吗——找到谎言背后的真相

二、分清说谎与幻想

嘟嘟刚上幼儿园的时候，很喜欢"打小报告"，"祺祺打了我"、"凯凯撞了我"，等等，让老师应接不暇。那段时间，她回家时常常很不高兴地告诉我们，她在幼儿园里没有朋友。我们向她解释，小伙伴们只是不小心碰到她，不是打她，也不是欺负她，她却总是十分生气地强调"就是打我"。有一次，凯凯在跟她玩的时候，把整杯水倒在她身上，老师告诉了我们这件事情，嘟嘟仍然坚持说："不是泼水，他是在打我！"

这件事情，表面看来是孩子在撒谎。但我们要知道，这个阶段的孩子语言表达能力较弱，他的世界中的"打"字与成年人认为的"打"完全是两回事。

儿童心理学研究表明，"打"是儿童的心理语言，孩子喜欢用"打"表示"受欺负"、"他不照我说的做"、"不愿意"、"走开"等复杂的意思。当孩子跟我们抱怨谁谁谁打他了，潜台词是他觉得自己被欺负、受委屈了。

孩子在3岁以前，基本是不会说谎的。有时候我们发现他们说话"不老实"，那其实不是孩子在欺骗你，而是他的特殊心理发展特点决定了这种特殊情况。

心理学研究指出："当一个三四岁的孩子向你述说一个捏造的故事，或者一件从未发生过的事时，他并非是在说谎。因为他有时还分不清想象的情景和现实之间的界限。"

3岁之前，儿童想象的特点是无意想象占主导地位，有意想象才刚刚萌芽。孩子会把看到的与联想的、真实的与希望的、做过的与记忆的

父母强大了，孩子才优秀：
改 变 孩 子 先 改 变 自 己

混淆，从而说出一些与事实不符的话。比如说嘟嘟曾经用不太利索的语言跟我形容她看见了"天马"，一种有翅膀会飞的白马。我们知道，那显然是不存在的。但是她说得极为认真，一脸诚恳，仿佛真的亲眼所见。而这种马，其实是她看了动画片后产生的想象。

也就是说，孩子幼年的时候，经常会把想象和现实混淆，很难准确表达出意思。这并非他在说谎，而是连他自己都以为自己说的是真的。家长一定要分清什么是幻想，什么是撒谎，免得错怪孩子。

另一方面，这一时期的孩子处于"自我中心化"阶段，他觉得自己是宇宙的中心，任何东西都是自己的，他相信这个世界上的事情他都能解决，也相信，任何事情，只要他说出口，就会心想事成。

比如，妈妈告诉他："柜子里有你喜欢吃的巧克力。"他打开柜子一看，真的有巧克力。这时他不会感知到"巧克力原本就存在于柜子里"这件事，他会觉得：妈妈好厉害，她说一句，巧克力就真的出现了。他还会觉得我也能这么厉害，只要说出口的话都能成为现实。之后，他会不断地说出不符合事实的话语，只为了能"心想事成"。

类似的事情还有，孩子在吃饭时打翻了碗，哪怕父母当面看见，他也可能说"我没有打翻"或是"碗好好的"之类的话。父母常常觉得，这孩子太"坏"了，当着大人的面也敢撒谎。但其实，他只是很认真地以为，自己说出口就会成为现实。当他看见父母因为他打翻碗而不高兴，他就会通过这种方式来"美梦成真"，避开父母的责骂。

当然，当孩子三四岁以后，渐渐能够分辨现实与想象的时候，我们就要注意，有些时候他是在故意撒谎，而非弄不清真相。这种时候父母一定要认真与孩子交谈，告诉他说真话的重要性，帮助他养成诚实的习

第十四章
孩子天生不会撒谎吗——找到谎言背后的真相

惯与品质。

- 幼儿说谎，大多不是有意撒谎。此时的他们感情比较丰富，而语言表达与分辨能力相对较弱，常常分不清现实与想象，会把自己想象的东西当成真事儿说出来。
- 当孩子无意识说谎时，我们不要去指责怪罪孩子去说谎，而应帮助孩子正确地分析这些语言。

三、为孩子树立诚实的榜样

父母的以身作则是家庭教育的根本道理、根本方法，方法一错，什么教法都是无效的。

很多人习惯于把儿童的品行问题归咎于孩子自身，一旦孩子犯错误，便习惯性地指责孩子。然而我们需要知道，孩子生来是一张白纸，会涂抹上怎样的颜色，有着怎样的品行习惯，最重要的影响因素是父母的行为。我们在思考孩子的问题时，首先应该思考自己的教育方式是否存在问题。

孩子说谎的原因有很多，但是我们基本可以判断，如果孩子的说谎并非偶然现象，而是一种习惯，那他的成长环境肯定存在着某些隐患。其中最重要的一点是，父母一定在他面前做出了错误的表率。

孩子的成长是从模仿父母开始的。父母做出了怎样的行为，孩子也必然会有样学样。当孩子常常说谎时，父母一定要首先反省自己有没有经常在孩子面前撒谎。

当然，没有父母会故意教孩子说假话，绝大多数父母也都会格外注

父母强大了，孩子才优秀：
改 变 孩 子 先 改 变 自 己

意培养孩子的诚实品质，然而，若父母常常对别人说假话，孩子看在眼里记在心里，也就会慢慢开始撒谎。

有时候父母出于成人社会里的掩饰需求，经常随口说出一些无关紧要的谎言，虽然只是一种社会交往技巧，但如果被年龄尚小的孩子注意到，也会给孩子留下说假话的印象，教会他们说假话。比如，爸爸正陪着孩子在家里看书，忽然接到朋友电话，爸爸不想出去应酬，便谎称自己现在不在家，很忙没空去，等等。孩子在一旁看着，耳濡目染受到影响，就会有样学样，凡是自己不想做的都以撒谎来应付。

有些大人在和孩子的相处过程中，经常"逗你玩儿"，用玩笑、哄骗的话逗哄孩子，自以为是在与孩子玩，其实对孩子的影响很不好。孩子时常分不清大人说的是真话还是假话，他也分不出什么是玩笑什么是现实，他会本能地选择相信父母。在他付出全部信任的时候，父母哈哈大笑说"我逗你玩呢，你怎么这么好玩"，孩子就会觉得受到欺骗，进而也学着撒谎。

也有些父母喜欢用恐吓的方式吓唬孩子，比如孩子小时候一旦不听话，父母就骗他说："你再不听话，大灰狼要来把你吃掉哦，警察叔叔要把你抓走哦。"这些类似的话说多了，一方面会加重孩子的恐惧感；另一方面，当孩子发现大灰狼或是警察叔叔根本不会抓自己，父母是在说谎的时候，他也会照着样子撒谎或是恐吓他人。

还有些父母，面对孩子的正常需求从来不肯满足，逼得孩子不得不以撒谎的手段获得。

有位研究犯罪心理学的美国学者，在监狱里调查犯罪原因的时候，曾经遇到一个罪犯说自己是从撒谎走向犯罪的。

第十四章
孩子天生不会撒谎吗——找到谎言背后的真相

这个罪犯家中兄弟姐妹很多，有一次家里分苹果吃，其中一只又大又红，孩子们都很眼馋。

老大说："妈妈，大的红苹果给我吃。"

妈妈瞪他一眼："你不懂事，你怎么带头吃大的呢？"

这个罪犯回忆说，当时他经过观察发现，谁越说要，妈妈就越不给谁；谁不吱声或说反话，谁就最有希望得到。

于是他撒谎说："妈妈，我只要最小的那只，大的留给别人。"

妈妈说："你是个懂得谦让的好孩子，大苹果给你。"

通过这件事他发现，说假话能吃到大苹果，说真话则会挨骂。为了不断获得最好的东西，他便开始了说谎之路，直到最后因为诈骗入狱。

荀子《劝学》中说："蓬生麻中，不扶自直；白沙在涅，与之俱黑。"说的就是环境对人有着重要的影响力。而在所有环境中，家庭环境又是最重要的。曾子杀猪的故事大家都知道。为了培养孩子的诚信习惯，在日常生活中，父母对待孩子一定要诚信，不要说话不算话。因此，父母在向孩子许诺之前一定要三思，不能言而无信，答应孩子的事情，就一定要做到；如果不能兑现，应及时向孩子解释，向孩子道歉，并做自我批评，让孩子从内心理解和原谅父母，事后父母应设法兑现自己的承诺。如父母言而无信，一而再，再而三，孩子会对父母产生不信任感，并认为说了话可以不算数，慢慢地他们也会这么做。

曾经有妈妈向我抱怨，说是教孩子说真话，结果孩子"童言无忌"，弄得她和朋友都很尴尬，她以后都不想教孩子说真话了。我告诉她，因为孩子说真话引发尴尬，就决定以后教孩子撒谎，无异于因噎废食。

事情的起因是这位妈妈跟多年未见的同学见面时带上了孩子。出于

父母强大了，孩子才优秀：
改变孩子先改变自己

社交礼貌，妈妈一见同学就恭维对方越来越年轻漂亮，恭维完还对孩子说："你看，这个阿姨好漂亮对不对？"

谁知孩子很诚实地大声说："这个阿姨一点都不好看，她好胖。"

这位妈妈尴尬地批评孩子："别瞎说话。"

孩子不服气地说："你教我不许撒谎，我现在就是在说实话。"

"那个叔叔好丑"、"那个阿姨好胖"、"那个爷爷的帽子好奇怪"等话语与"皇帝没有穿衣服"一样，都是童言无忌、有一说一的典型表现。虽然此时孩子说的是实话，却常常引发尴尬。

有些父母，比如上面那位妈妈，因此觉得丢脸、气愤，并再也不愿教孩子说真话。这是典型的反应过激。

遇到类似事情，我们不妨第一时间告诉孩子，人有各种不同的体型、长相，这是让每个人区别于其他人的重要特征。然后赶快将话题转移到其他方面，以免孩子继续观察，继续说出更"伤人"的话。等到回家或是私底下，再告诉孩子，说别人丑、胖，别人听了会很难过，父母不需要他撒谎说对方好看、苗条，但希望他下一次不要直接说别人难看，否则是对别人的不尊重。

孩子喜欢把自己观察到的东西跟父母分享，这是他表示与父母亲密的一种方式。父母遇到这种尴尬的分享时，可以告诉孩子，我们鼓励他的分享，但是出于尊重别人，最好是小声分享或回家分享，只让父母听到。此时，切莫因为尴尬而对孩子发火，否则只会让孩子不愿意与父母分享心得，且逐渐开始撒谎。

- 如果孩子出现说谎的毛病，父母一定要先进行自我反省，看看自己有没有做出错误表率。

第十四章
孩子天生不会撒谎吗——找到谎言背后的真相

- 身教重于言教,父母的行动是无声的教育语言。要培养一个有责任心、以诚待人的孩子,父母就要以身作则,做诚信的表率。
- 孩子若在小时候形成了撒谎的习惯,长大了之后想要纠正过来很困难。小时候经常骗父母的孩子,长大之后可能就会经常欺骗他人。

四、别让孩子因为害怕惩罚而撒谎

父母常常以为,孩子撒谎是因为撒谎比说真话更容易。但从心理学角度来说,说真话远比撒谎容易,说真话的幸福感也远远高于撒谎。通常情况下,一个谎言需要一堆谎言来弥补,撒谎并不能让孩子感到幸福,反而会让他们绞尽脑汁,疲于弥补。那么,为什么孩子还会撒谎呢?

造成孩子撒谎的原因有很多,其一是家长的不良示范,其二是大人对孩子要求太严格,常常以粗暴的惩罚手段对待孩子的错误,孩子因恐惧惩罚而撒谎逃避责任。

英国教育学家斯宾塞说:"野蛮产生野蛮,仁爱产生仁爱。"

如果父母为孩子创造愉悦的氛围,以感染孩子的心灵,孩子就会变得越来越美好。家庭教育中,如果父母对孩子关爱、信任、尊重,尽力为孩子营造诚恳、互信的家庭氛围,那么尽管孩子年龄小,他也会感受到这份尊重与信任,他也会更加懂得怎样去尊重、信任别人和怎样得到别人的信任,他就能很自然地成为一个诚实的人。总之,民主、和谐、平等的家庭气氛和愉快的周围环境,是卓有成效地教育孩子诚实品质的极重要条件。

正如罗素所言:"从小没有受过恐吓的孩子必定诚实,这不是由于

父母强大了，孩子才优秀：
改 变 孩 子 先 改 变 自 己

道德约束的缘故，而是因为他想不到别的做法。"

相反，也有一些家庭是这样的：面对孩子说谎，父母不分青红皂白就加以苛责、训斥，甚至打孩子。父母越严厉，孩子越容易撒谎。

在孩子小的时候，害怕的常常不是责骂本身，更多的是父母的愤怒、不满，以及父母无意中流露出的失望情绪。这种失望在孩子眼里等同于被父母抛弃、父母不再爱自己，这是真正让孩子心生胆怯的东西。

等孩子稍大一点，他撒谎的原因会由"不愿意家长沮丧、失望"慢慢变成"逃避惩罚"。有些孩子本来不想说谎，不敢欺骗父母，但畏惧于严厉的家庭环境，为了逃避惩罚，也为了让自己少受点皮肉之痛，于是编造各种谎言。在这些孩子看来，诚实说出来一定挨骂挨打，撒谎则有可能隐瞒过去，免于责罚；撒谎的最坏结果也不过就是挨骂挨打，与诚实说出来一样。

这种情况下，父母应该反思一下自己的教育方式。

任何人都会犯错，如果大人不接纳孩子的犯错，孩子往往会用撒谎来掩盖自己的犯错。北卡罗来纳州立大学的儿童发展学家凯伦·德波博士建议："不要上来就责难孩子，心平气和地、真诚地给他一些时间想想，也许孩子就会放松些，愿意跟你说刚才究竟发生了什么。"在一种轻松的环境中，告诉孩子说谎会有什么样的危害，告诫孩子说谎或许能让他一时蒙混过关，但父母或他人迟早会发现真相。真相大白之后，不仅会让他处于一种尴尬的境地，还会失去老师、父母、同学、朋友对他的信任，长此以往就没有朋友了。

有些父母对孩子成长过程中出现的缺点和错误，不采用正面的教育方法，冷静客观地跟孩子分析他错在哪里，应该怎样弥补，却乱用惩罚

第十四章
孩子天生不会撒谎吗——找到谎言背后的真相

的手段,简单粗暴地打骂了事。这样做的结果是,惩罚过后,孩子并不知道自己错在哪里,为什么错,反而吸取反面教训,用不诚实的言行来掩盖自己的缺点和错误。

当孩子向我们坦白说他犯了错误时,我们应该先表扬他的诚实,然后再与他一起弥补。

勇于承当和"善后处理",孩子需要父母的一点帮助和用心。比如,当孩子做了让同伴失望或者难受的事情时,父母不妨建议他,真诚的道歉可以使对方感到舒服,并且有利于解决问题。注意,这里父母的态度一定要温和、平静,给出建议,但不要强迫孩子说"对不起",否则孩子只会口服心不服。要让孩子明白,只有发自内心的道歉,才能让对方接受,孩子自己也才能真正地舒服和轻松起来。当孩子学会了诚心诚意地道歉,他也就不容易推卸自己的责任。

- 孩子撒谎常常是为了满足大人的愿望,大人想听什么他就说给你听什么。
- 让孩子在愉悦互信的氛围中受到启迪,孩子会更容易学会诚实。相反,对孩子的缺点乱用惩罚,易导致孩子产生不诚实的行为。
- 独断专行的父母只会用命令、威胁、恫吓、讽刺甚至暴力去制服孩子,这样极易损伤孩子的自尊心,使之产生逆反心理,造成孩子的言行不一。
- 孩子需要在父母的关注、理解和指导下建立起道德意识,使自己的行为更真诚善良。

父母强大了,孩子才优秀:
改 变 孩 子 先 改 变 自 己

第十五章
稳定、乐观——教孩子学会情绪管理

一、儿童稳定的情绪源于父母稳定的情绪

情绪是每个人身心不可分割的一部分,它的产生常常受潜意识控制,儿童的情绪更是如此。我们常常会觉得小孩子乖巧起来像天使,发怒时候又蛮不讲理,就是因为他们过于情绪化。与其相比,事情的对错与道理属于理性范围,往往由意识控制。潜意识比意识难控制得多,所以我们又常常会觉得明明跟孩子讲道理了,孩子的情绪还是很难稳定下来。

我们会发现,有些孩子情绪很"稳定",有些孩子则特别情绪化,变脸快,心情波动大。为什么孩子会有这么大的差别呢?除了先天气质类型不同,孩子的情绪是否稳定很大程度上是后天家庭环境造成的。

一般而言,稳定的情绪更有助于孩子的心理发展,促进孩子健康快乐成长。选择适当合理的方式积极引导孩子,帮助孩子管理自己的情绪,我们这些做父母的责无旁贷。

第十五章
稳定、乐观——教孩子学会情绪管理

在引导孩子的情绪时,我们首先要知道,父母是孩子的范本,孩子稳定的情绪源于父母稳定的情绪。

德国有一本非常出名的绘本《一生气就大吼大叫的妈妈》,讲述了一只企鹅宝宝与它妈妈之间的故事:"今天早上,我妈妈发脾气,冲着我生气地大叫。结果,吓得我全身都散开飞跑了……我的脑袋飞到了宇宙里,我的肚子落入了大海里,我的嘴巴插在了高山上。最后发脾气大叫的妈妈又将我找了回去,把我修补好……"

被母亲的吼叫声吓得魂飞魄散的小企鹅,虽然最后被妈妈找到,但受过伤害的心灵早已无法弥补。

许多家长在教育孩子时,情绪化十分严重。心情好时,孩子"爬到头上"都行,任何要求甚至一些不合理的要求都能满足;一旦心情不好,则瞬间翻脸,看什么都心烦,即使孩子什么也不做,他也会横挑鼻子竖挑眼,鸡蛋里挑骨头地把孩子责骂一番。

有些家长喜欢"大惊小怪",比如看见孩子好奇地摸一把路边的虫子,就会大惊小怪地嚷嚷"哎呀这么脏,你怎么能去碰";或是看见孩子犯一点点小错误,就瞬间翻脸,大声指责。

有些父母特别容易"焦虑",却总是跟孩子说"别紧张",结果常常适得其反。比如每年大型考试前,我们都可以看到很多父母送孩子进考场的时候一遍遍地叮嘱孩子"别紧张",或是说"考不好也没关系",反复多次地、皱着眉头地说这些话,结果孩子听了更紧张。因为孩子从父母焦灼的神态和语气中敏锐地发现,父母患得患失心很重,孩子身上压着沉重的担子。

以上这些情况,自然事出有因。现代社会,工作、生活压力很大,导致很多父母自身压力极大,担负着大量负面情绪。他们把自己的笑

父母强大了，孩子才优秀：
改 变 孩 子 先 改 变 自 己

容、耐心都"奉献"给了单位、领导、同事、客户，回到家则是一副身心疲惫、情绪低落的黑脸模样。家庭是他们负面情绪唯一的宣泄口，孩子一个小小的错误都会成为导火索，点燃他们内心的"炸弹"。

虽然我们能够理解这种行为，但理解不代表赞同，更不代表这种行为是正确的。

对孩子来说，家庭是最重要的成长环境。这个环境中人与人之间的情绪是可以相互感染的。如果父母的情绪不稳定，喜怒哀乐变化无常，孩子就会变得易怒易躁、心绪难宁，轻则影响孩子正常的人际交往，重则可能演变成边缘性人格，即看待事物易走极端，非此即彼、非黑即白，危害之严重不言而喻。

大量的调查表明，父母情绪稳定，孩子更具幸福感和安全感。很难想象，一个喜怒无常的父母能培养出有积极而稳定情绪的孩子。

所以，我们首先要学会掌控和调整自己的情绪。即使在外面受了刺激，也不要把情绪带回家中，可以在回家前找个合适的途径进行排解，排解不了也应尽可能把负面情绪对自己的影响降到最低。当我们走进家门，就要把种种不良情绪"拒之门外"，而不是让家人尤其是孩子来承担"无妄之灾"。我们应塑造出一种安全、温馨、平和的稳定情绪状态，用欣赏的眼光鼓励自己的孩子，用平和冷静的态度感染自己的孩子，从而使孩子获得安全感，并养成稳定的情绪状态。

- 父母情绪稳定，家庭会更加温暖，孩子也更有安全感。
- 冷静乐观的家庭氛围，能养成孩子稳定积极的人格，避免心理阴影，使其不走极端。
- 不要让孩子成为父母不稳定情绪的牺牲品。

第十五章
稳定、乐观——教孩子学会情绪管理

二、帮助孩子准确认知并表达情绪

在父母为孩子营造了稳定、平静的家庭氛围后,我们可以开始帮助孩子学着管理情绪。

管理情绪的第一步,是能识别出自己的各种情绪。孩子对情绪的认知不多,没有足够的能力用准确的词语把自己的情绪描述出来,因此有时候很难准确表达出自己的内心感受。

父母不妨帮助孩子指认出那些有着细微差别的情绪:激动、失望、自豪、孤独、期待、沮丧、空虚、落寞、悲伤……通过提供类似的情绪词语,帮助孩子把内心莫名的不舒服情绪准确表达出来,不断丰富孩子的情绪词汇库。

在第四章里,我提过一个与孩子沟通的方法"共情",共情的功能之一就是帮助孩子认识到自己当时的具体感觉。

比如有这样一个场景:3岁的孩子气鼓鼓地对你说,刚刚在儿童公园玩的时候,有小朋友打他。你作为父母,首先会说什么?如果你的第一句话是"他为什么打你,你怎么做的?"那么,我建议不妨试着改成:"妈妈感觉到,你现在很生气,能告诉妈妈发生了什么吗?"

前者是我们经常会有的第一反应,首先问事情原委;而后者是先帮助孩子认知情绪。通常来说,带着情绪解决问题,孩子会用赌气的方法说话,表现出不肯配合的样子;先用"共情"来帮助孩子理清情绪,有助于他快速平复心情。安抚完情绪再解决问题,孩子会更乐于配合。

所以,遇到类似问题,我们可以先用共情的方式询问孩子,比如"宝贝,你看起来有一点点沮丧,是因为什么呢?""哦,原来是这样啊,爸爸妈妈也曾经遇见过类似的事情,原来你也遇到了。你现在心里感觉

父母强大了，孩子才优秀：
改 变 孩 子 先 改 变 自 己

怎样？是一点点沮丧，还是十分沮丧？需要爸爸妈妈做什么吗？"等。

　　孩子常常只会笼统地用"不高兴"来形容自己的负面情绪，父母帮助孩子描述出他的感觉，并精确地说出情绪的强弱程度，其目的主要是帮他理清内心的真实感受，将相似场景、相似情绪进行分类，并表达出来。

　　孩子能识别出的情绪越多，他就越是能清晰地表达出来；而准确地表达自己的情绪，这就是处理情绪的开端。

　　比如，当孩子明白要求得不到满足时他的不高兴是愤怒，最喜欢的玩具丢失时的不高兴是难过，没有玩伴时候的不高兴是孤独，反复尝试做一件事却始终不成功时的不高兴是沮丧……他就更能准确地把握自己的内心感受，从而有效处理情绪，并将种种情绪的不同处理方法内化在他的心中，下次遇到相似场景、相同情绪，就能很容易地用熟悉的方法来处理。

　　需要提醒的是，有时孩子很生气，他会对父母帮助他情绪识别的行为很反感，完全不肯听。我们不妨先给他冷静的时间，等他平静后，再回过头来跟他聊聊刚才的感受。孩子在描述感受时，可能会比较慢，我们一定要有耐心陪伴。

- 带着情绪解决问题，常常事倍功半。遇事时，帮助孩子先理清情绪、平复心情，再着手解决问题。
- 对于情绪，能认知能表达，孩子才能沟通，也才能想办法解决。孩子越能精确地认知并表达出情绪，就越容易掌握处理情绪的能力。
- 孩子在表达情绪时需要一些时间。父母请付出耐心与鼓励，不要随意打断。

第十五章
稳定、乐观——教孩子学会情绪管理

三、正确对待负面情绪

无论是大人或是孩子,都会有情绪,情绪是一种能量,本身没有好坏之分。情绪会来也会走,尤其是负面情绪。

但是现实生活中,我们往往更容易接纳正面情绪,而不愿意坦然面对负面情绪。比如,我们常常看到,在孩子表现出负面情绪时,父母们会有以下几类反应:

1. 孩子一有负面情绪就紧张得不行,抱着孩子安慰说"只要你不哭,妈妈给你买玩具"、"都是桌子的错,都怪桌子撞你"……

2. 特别厌烦孩子的负面情绪,孩子一哭就批评他"不够坚强,你还是不是男孩子"、"这么点小事儿就哭,真没用"、"再不闭嘴我揍你啊"……

3. 开始长篇说教,比如"人生中很多很多的困难,你才遇到这么一点点就表现得天塌下来一般,以后你怎么渡过那些难关"、"这才多大一点事儿啊,如果你连这个都无法接受,今后就不能发展得更好"……

第一类父母特别宝贝孩子,对孩子紧张过度,孩子一有负面情绪,他们就急着帮孩子"修补"受伤的内心,常常表现得毫无原则,比如随意答应孩子的不合理要求,或是把责任都推到别人(其他东西)头上。这样教出来的孩子,往往脾气骄纵,得不到就哭闹,遇事喜欢推卸责任,没有担当。

第二类父母唯恐溺爱孩子,对待孩子的负面情绪总是以惩罚或恐吓的手段进行,他们觉得只有这样培养出来的孩子才能坚强又独立。却不知,这样成长的孩子常常会因缺乏家庭温暖而变得外表冷漠、内心懦

父母强大了，孩子才优秀：
改 变 孩 子 先 改 变 自 己

弱。他们害怕一切不好的事情，却没有能力处理；厌恶自己的负面情绪，又没有能力摆脱，只会陷入恶性循环。

第三类父母更强调理性精神的重要性，在孩子被负面情绪困扰时，试图以理性的分析来帮助孩子摆脱不愉快，以为只要孩子知道"未来还有更严重的事儿"，现在的负面情绪就能自然缓解。事实上，这样做，一是容易让孩子沮丧、怀疑自己，觉得"这不是什么大事儿，我却如此反应过度，我难道真的特别没用吗"；二是会让孩子觉得未来没有希望，"我遇到的已经是很倒霉的事儿了，未来居然还有比这更严重的，且不止一件，未来真是太灰暗了"，于是情绪更加低落。

当孩子出现愤怒、悲伤、害怕等情绪时，最需要的是得到父母的认同和接纳。父母应该告诉孩子，任何情绪都是人的正常反应，不必有心理负担，不必因此怀疑自己，父母会陪他一起面对。在这其中，我们可以教会孩子一些宣泄负面情绪的方式，比如哭泣、大声叫喊出心中的不快、找人聊天、写日记、做运动、随意画画、出去走走……

其次，我们在日常中应该为孩子划定一条明确的界线，告诉他身处情绪中的时候，哪些事情能做，哪些不能做。比如处在负面情绪中的时候，哭泣可以，打人不可以；大叫宣泄可以，砸东西不可以，等等。要让孩子知道，虽然情绪没有对错，但是应对情绪的手段有对错之分。

最后，父母以及孩子都要知道，即使名为"负面"情绪，它们也是有正面的、积极的一面的。比如：

1. 生气：它经常与我们不喜欢的情况相连在一起，为我们提供能量，使我们采取行动对这些障碍和困难做出反应。

2. 悲伤：能促进深沉的思考，使人从失去中取得智慧，从而更珍惜目前拥有的。

第十五章
稳定、乐观——教孩子学会情绪管理

3. 后悔：提醒我们，要找出一个有更好效果的做法。

4. 左右为难：说明内心价值观的排序尚未清晰明确，提醒我们明确内心价值观排序。

5. 恐惧：可以提高神经系统的灵敏度，并能使意识性增强，提高对潜在问题的警觉性，使我们迅速做出反应，并在必要条件下选择逃避。

6. 愤怒：给我们力量，让我们去改变一些不能接受的现实。

7. 失望：促使我们对期望的东西重新评估，并对目标和手段进行调整。

8. 忧虑：使人集中注意力，从而产生动力。

9. 痛苦：指引人找出方向，摆脱危险，避免重蹈覆辙。

当我们与孩子一起面对负面情绪，其实就是自己跟负面情绪做个有效的连接，探索。一旦从这个负面情绪里走出来，知道情绪卡在哪里，以及如何解决，对于孩子来说，就是一个特别大的成长与改变。

如果父母能认同和接纳孩子的所有情绪，包括负面情绪，并进而教会孩子处理每种负面情绪的问题来源，帮助孩子挖掘出负面情绪中的正面力量，孩子就更容易掌握人生中最重要的一些信念与价值观，也更能掌控好自己的人生。

- 情绪没有对错，但处理情绪的方法手段有对错。
- 当孩子出现负面情绪时，最渴望的是父母的认同与接纳。
- 消极情绪也有益处，它可以帮助孩子认识自己、提高情商、学习成长。
- 努力挖掘负面情绪中的正面力量，不仅是帮助孩子，也是帮助自己。

父母强大了，孩子才优秀：
改变孩子先改变自己

四、努力培养积极情绪

情绪虽然没有对错，但就儿童的成长来看，积极情绪显然更能促进孩子的健康发展。所以，父母应有目的地培养孩子的积极情绪。

情绪是可以相互感染、影响的，尤其是孩子，受父母情绪影响很大。如果父母常常用"再不听话大灰狼就吃掉你"等来恐吓孩子，孩子就容易陷入恐惧等情绪中。现在部分父母教育孩子的心理有些错位，不是用赏识的目光去看待孩子，而是用挑剔的眼光找孩子的毛病，总是不满足，总嫌弃孩子不够好，这样教育出来的孩子就很难乐观积极。反之，如果父母知足常乐，孩子也常常会随遇而安；如果父母笑口常开，孩子也容易积极乐观。

当然，父母对孩子保持微笑，不代表就要满足孩子的所有要求。如果面对孩子的无理取闹，父母依然笑呵呵，那是在放纵孩子。

其次，我们也应细心了解孩子的需求，对于合理的且父母力所能及的需求，应该给予及时的满足。这样也可以使孩子情绪稳定，身心愉悦。有时孩子太小表达不清自己的需求，父母最好能细心体察、了解，并正确对待。

日常生活中，我们应经常引导孩子完成一些力所能及的任务，或是激发他的兴趣爱好，使其体验成功的欢乐、陶醉的喜悦。比如，让孩子经常和小伙伴们玩，在家里帮父母做简单的家务，沉浸在兴趣爱好中，等等，都能使孩子的生活更充实，获得更多的满足，情绪更积极。

此外，帮助孩子培养积极情绪，我们还可以引导孩子多关注生活中的美好，从平凡的小事中体味出快乐的细节。如每天接送孩子上学放学的路上，可以引导孩子观察朝阳、夕阳、行道树、花朵，并让孩子自由

第十五章
稳定、乐观——教孩子学会情绪管理

发挥想象力,把它们想成各种好玩的东西。

就算是一些不愉快的事,我们也可以引导孩子发现背后的愉快面。比如,雨天路滑,孩子走路总是摔跤,有时会生气地说"我讨厌下雨",这时我们可以指引孩子观察雨水打在湖面上的小水泡、荷叶下跳跃的青蛙、更加洁净的空气,甚至可以鼓励孩子穿上雨鞋去积水的泥坑里踩一踩……

我们还可以跟孩子分享高兴的事情,把一个人的快乐变成一家人的快乐。也可以把快乐的瞬间拍照,以定格美好瞬间,时时回忆,延长快乐的感觉。

- 积极的情绪能促进孩子的身心健康,帮助他们形成良好的性格。
- 父母以自身积极的情绪感染孩子,细心观察孩子的需求,使其形成积极的情绪,是家庭教育中十分重要的一环。
- 帮助孩子发现身边的美好,引导孩子体会成功的喜悦,更易于培养孩子的积极情绪。

父母强大了，孩子才优秀：
改变孩子先改变自己

第十六章
自控、规划——教孩子学会时间管理

一、孩子为什么"慢吞吞"

常有父母抱怨，孩子做事情总是慢吞吞。吃饭慢，洗手慢，写字慢，不按时完成作业，拖拖拉拉……父母想了很多办法，比如给孩子制订计划表，反复督促孩子"快一点"，却似乎效果微弱。

我们首先要明白，孩子由于生理机能尚未完全发育好，他的动作比成人慢是正常的。如果我们用自己的速度要求孩子，孩子是很难达到的。我们在判断孩子是否真的慢吞吞时，要拿他跟同龄儿童水平相比。

如果孩子的做事速度与同龄儿童相比依然明显慢，比如有父母反映的"让他洗脸，喊了3分钟，他还在玩龙头，毛巾都没湿；上厕所要上半小时，洗澡不催不出来；叫他写作业，他先削10分钟铅笔，然后翻10分钟书包，接着喝水、玩橡皮、摆弄笔帽……"这种才能判断为真正的"慢吞吞"，或者说"拖延症"。

我相信很多父母都有类似的苦恼，孩子动作实在太磨蹭，做事效率

第十六章
自控、规划——教孩子学会时间管理

低下,学习易分心,不到最后一分钟不肯做作业……

在帮助孩子解决慢吞吞的问题时,我们首先要知道,孩子为什么会慢吞吞。一般而言,有如下几个原因:

1. 缺乏时间观念

与成人相比,孩子天生对时间有着"感知惰性"。这是因为时间这个概念对孩子来说过于抽象,他们认为时间是无穷无尽的,总有时间任他们挥霍,所以很难体会到时间的重要。而有些父母一边抱怨孩子磨蹭,一边又不断跟在孩子后面"收尾",孩子就更加觉得不用着急,反正有爸爸妈妈在,他们会帮我解决问题,我根本不需要担心时间不够用。

2. 缺乏条理

儿童的心理过程随意性很强,想问题、做事情常常"天马行空",想一出做一出,想到什么立刻就要去做。比如嘟嘟小时候就常常吃饭吃到一半,跳下椅子去玩玩具。这种做事方式杂乱而无条理,如果任其发展,就会变得越来越容易分心,最终导致写作业时一会儿摸摸铅笔,一会儿玩玩橡皮等情况,无法专注于一件事。

3. 气质原因

气质是个人生来就具有的心理活动的典型而稳定的动力特征,是人格的先天基础。气质由遗传决定,人的气质是有明显差异的,心理学上将人的气质类型分为胆汁质、多血质、黏液质、抑郁质四种。其中,胆汁质和多血质的人动作速度会快于黏液质和抑郁质,后两类也就是我们常常说的"慢性子"。但是慢性子未必是坏事,比如黏液质的孩子明显比胆汁质的孩子更踏实、沉稳、专注、细致。如果你的孩子虽然动作不快,但做事专注、细致,那么你就不必强求他一定要与其他孩子一样快。

父母强大了，孩子才优秀：
改变孩子先改变自己

4. 缺乏自控力

比起三四岁的幼儿，学龄后的孩子已经渐渐知道时间的重要性，也知道不按时完成作业的后果，但他们依然常常有着"学业拖延症"。这一方面是因为他们思想上不重视，或是有畏难情绪；另一方面也是因为不会合理分配学习和玩乐的时间，不懂得如何制订时间计划，进行自我规划，于是常常把时间浪费在一些无关紧要的事情上，导致学习效率低下。对于这类孩子，我们需要进行适当的时间管理训练。

- "慢吞吞"是孩子的天性，需要父母帮助矫正。
- 找到孩子"慢吞吞"的原因，对症下药，孩子才能过得更自控，更有规律。
- 关注孩子的气质类型，因材施教，针对不同气质进行不同的教育。

二、帮助孩子感知时间

孩子由于天生对时间有着"感知惰性"，所以很难意识到时间的宝贵。在他们眼中，时间似乎是不会动的，他们可以玩到很晚不知疲倦。所以，时间管理的教育最好从让孩子感受时间开始。只有对时间有了感觉，知道它是个什么东西，孩子才能去管理它。

感知时间的教育宜早不宜迟。孩子两三岁的时候，我们就可以教孩子熟悉基本时间概念：上午、下午、晚上、半夜、清晨、黄昏、前天、明年……父母要让孩子了解每个时间段大致应该做什么，让孩子懂得大块时间的划分，且明白时间时时在流动、变化，过去了的时间就永不能再回来。其次，我们还应该让孩子学会分辨准时、提前和迟到的概念，并懂得迟到是不好的行为。再次，要让孩子建立"开始"与"完成"

第十六章
自控、规划——教孩子学会时间管理

这两个概念,并明白一件事"完成"之后才能"开始"下一件事,做到条理清晰。

孩子四岁以后,我们可以给孩子买一块手表或一个小闹钟,带领孩子观察钟表,让孩子看到指针走了多少,帮助他更加清楚地认识时间概念。在要求孩子做事的时候,可以指着表盘,具体报给孩子时间,比如"我们六点开始吃饭,争取半小时吃完,也就是分针走到 6 这里的时候"……我们可以发现,孩子常常对闹钟、手表表现出"敬畏感",闹钟的威力远比父母的催促更有效,而手表的提醒也常常能让孩子更注意时间。即使孩子忘记时间,手表、闹钟也会提醒他记得。

这里我们要注意,如果想要孩子更好地建立时间观念,最好买有表盘的手表。比起只显示时间数字的电子表,有表盘的手表能让孩子直观看到指针的转动,从而能更好地认识时间。

除了认识钟表,在孩子小时候,我们最好能把时间具体化。比如给孩子买一个沙漏(5 分钟、10 分钟的都行,不要超过 20 分钟),跟孩子一起看看,沙子的流逝有多快,5 分钟能有多长。我们还可以跟孩子玩一些计时做事的游戏,比如数到 30 需要多久,1 分钟内能不能扣完上衣的全部纽扣,5 分钟能不能收拾完玩具,10 分钟能不能读完一个童话故事……让孩子直观感受到 1 分钟究竟有多长,5 分钟能做哪些事。

在孩子认识钟表的同时,我们不妨用限时(倒计时)的方式,要求孩子在规定时间内做完某件事。比如孩子吃饭总是拖拖拉拉,父母可以规定,晚上 6 点开始吃饭,6 点半结束吃饭,到时间就收拾桌子,不管有没有吃完。在规定时间的同时,为了让孩子明白半小时究竟有多长,

父母强大了，孩子才优秀：
改变孩子先改变自己

最好能同时把手表放在旁边，告诉他半小时就是分针走6个大格子；或者把沙漏放在旁边，告诉孩子半小时就是3个沙漏的时间。限时的好处是让孩子体会到紧迫感，更懂得珍惜时间。

为了让孩子更深刻地理解"时间期限"，我们还可以带孩子观察食物外包装上印着的保质期，使他知道食物过期就会变质，时间不等人。

在孩子逐渐认识时间、珍惜时间、管理时间的过程中，我们要及时表扬孩子珍惜时间的点滴瞬间。心理学中"强化"的概念告诉我们，当孩子的某一种行为受到表扬时，他就会更积极地进行这项活动。所以当孩子开始懂得时间的重要性时，我们一定要及时表扬。表扬要具体，不要笼统地说"孩子你真棒"，而要落实到细节，比如"你今天吃饭比昨天节约了十分钟，你很棒，这十分钟你可以用来玩玩具"之类的话。让孩子清楚知道自己哪一个环节做得好，下次他就会重复进行该动作环节。

- 在日常生活中，父母需要矫正孩子的时间"感知惰性"，让孩子意识到，时间是世界上最宝贵的东西，时间快速流逝，永不静止。
- 让孩子感知时间的教育不妨早一点，不要等到上小学后孩子学习效率低下了再开始。
- 给孩子买只手表或闹钟，家里放上一个沙漏，孩子更能直观感受到时间的变化。

三、制订计划，有效管理时间

为了让孩子今后的生活、学习更高效，我们可以帮助孩子制订计

第十六章
自控、规划——教孩子学会时间管理

划,有效管理时间。

1. 我们可以培养孩子做事的条理性,以克服孩子随意性过强、不够专注的毛病

上小学以前,培养孩子的条理性主要从生活习惯开始。儿童敏感期一节中我们可以看到,孩子在两岁半到四岁这段时间里处于秩序敏感期,我们可以抓住这一关键时期进行培养。

建立合理的作息制度,保证孩子有规律地生活,是培养孩子条理性的重要前提。父母不妨根据孩子的年龄特点和家庭公共作息时间,把孩子每天起床、刷牙洗脸、吃饭、做游戏、午睡、看动画片、睡觉等的时间相对固定下来,按照时间表行事,非特殊情况不要随意打破,力求形成孩子的生物钟,使孩子初步建立起时间安排的条理性意识。同时,让孩子自己动手收拾玩具、书籍,也能帮助他养成"整理"自我空间的习惯,有助于能力"迁移",养成管理时间的习惯。

2. 我们要让孩子明白,事有轻重缓急

好钢需用在刀刃上,我们要把最佳的、最有效率的时间花在那些最重要的事情上,在有限的时间里先解决重要的、紧迫的事情。如何让孩子明白事有轻重缓急呢?日常中我们可以经常让孩子去分析,在相同的时间做不同的事情,带来的不同收益如何,让孩子明白每个人的时间都是相等的,不同的是我们如何利用这有限的时间。

我们要给孩子养成回家立刻做作业,绝不拖拖拉拉的习惯。有些孩子看起来总是慢吞吞,回家先玩一个小时,然后吃晚饭,晚饭后开始看电视,直到快睡觉了才开始草草写作业。面对这样不分轻重、不辨主次的孩子,父母一定要给他定下规矩,回到家先写作业,作业完成才准做其他事情。

父母强大了，孩子才优秀：
改变孩子先改变自己

在孩子学会分析之后，我们可以帮助孩子列出未来一天要做的事情，然后以重要性为横轴，以紧迫性为竖轴，从横竖两个维度进行标记，找出两者交叉之中最重要、紧迫的事情，先集中心神解决这些问题，然后再依次解决比较紧迫、比较重要、不很紧迫、不很重要的事情。

轻重缓急起初最好是父母帮孩子判断，到孩子熟练后，可以由他自己来画表格。如果孩子能掌握这种方法，他就可以比较轻松地分配学习和娱乐的时间，或者分配不同学科的学习时间，学习起来自然轻松而高效。

父母可以先教孩子评估任务：哪些是必做的，哪些是可以放放的；哪些是自己想做的，哪些是可以不做的；哪些是自己喜欢做的，哪些是不喜欢但不得不做的。然后让孩子用不同颜色的笔，给任务分类。根据这张表，先做重要的，删除一些可以不做的，把喜欢的和不喜欢的搭配起来交叉做，力求劳逸结合、喜恶交织、动静穿插。

评估轻重缓急的过程起初很麻烦，但是做熟了之后，效果很显著。

3. 帮助孩子制订计划，列出任务清单

在制订计划前，我们要和孩子计算一下，他有哪些具体的任务。学龄前孩子的计划与上小学后的计划是大不相同的。这里我以小学之后的学习计划来进行说明。

父母可以先和孩子列举出一个学期的学习任务，比如英语有多少单词、多少语法，数学有几个大的知识点，语文有哪些单元，等等，然后列出一周学习计划，再把一周任务内容平均分配到每一天甚至每一个小时，在纸上列出几点到几点，学习什么内容。在学习的时候，按照时间计划一步步进行，将学习任务逐一突破。

第十六章
自控、规划——教孩子学会时间管理

在这个过程中,我们要注意,学习计划不要定得太高太难,尤其是给弱项要留出足够时间,否则孩子只会觉得疲惫不堪,难以完成,自信心受挫。

执行计划的过程中,一定要及时检查效果。比如9点到10点的任务是背完20个单词,如果顺利完成,就在计划表中用粗笔划去这条,醒目地告诉孩子,他已经做到了。如果不能很好地完成,则要进行反思,反思自己为何没能完成计划,是自己不够专注,还是任务设置过难,等等。通过反思,摸索出适合孩子学习能力的时间节奏,不断修正学习计划,使计划更贴合孩子自身。

列学习计划的时候,一定要给孩子留出足够的阅读时间,广泛的阅读决定一个人的素养与底蕴,这不是只看课本能取代的。

4. 父母可以引导孩子利用零散时间,每天多学一点点

整块的时间常常比较难得,日常生活中零散的时间则相对更多。我们不妨教会孩子把零散的时间都利用起来,每天多学一点点。日积月累,这也是一笔相当可观的积累。

比如,可以让孩子每天早起洗漱的时候,默背前一天学的数学公式;上学路上,可以回顾昨天背过的单词,也可以把注意力放在观察自然变化上,让观察力更敏锐;饭前饭后的休息时间,进行预习;睡前20分钟,在头脑中画出当天知识点的思维导图,等等。当然,零散时间不必全部利用来学习,否则人会觉得很累,只要拿出一半来进行有效学习,孩子的成绩就能有比较明显的提高。

5. 给孩子管理自我时间的动力。我们常常责怪孩子时间观念不强,却没有反思,孩子为什么没有管理时间的动力。

父母强大了，孩子才优秀：
改变孩子先改变自己

动力来自很多方面，其中一个重要的来源是自主的感觉。如果孩子能自由支配时间，而不是完全按照父母的意思来，他就会更有积极主动性。当然，如果孩子把时间全挥霍在玩乐上，也是不可取的。所以父母最好是给孩子一个弹性的范围，在范围内，孩子可以自己管理时间。比如，时间计划表里有孩子喜欢做的、感兴趣的事情，那么他会为了不耽误这个时间，而自觉提高前面的学习效率，以节省出时间从事自己的爱好。

这时，我们不妨为孩子建立奖励机制。若原本计划一个小时完成的作业，孩子能提前十分钟做完，且做得很认真，我们不妨把这多余的时间奖励给他，让他自由地做别的事情，玩自己喜欢的玩具，看课外书，等等。这样的机制能更好地调动孩子的积极性，让孩子产生管理自我时间的动力。

6. 把握学习节奏，为孩子留出足够的娱乐、休息、体育锻炼时间

让孩子学会掌控自我的时间，并不是让孩子除去睡觉外都坐在桌前学习，或者做父母认为对的事情。一味学习，不懂得休息，这不是珍惜时间，而是在摧毁孩子的幸福感，让孩子觉得自己任务繁重，生活辛劳。父母要教孩子合理利用时间，做事情出效率，效率越高则自由支配的时间越多，这才是真正意义上的珍惜时间。

我们大人也有类似感觉，一天中总有几个时间段工作效率很高，但是高效地工作半小时、一小时后，就会渐渐有疲惫的感觉，不得不硬撑下去。所以，我们一定要为孩子留出空余时间，设定一个劳逸结合的学习节奏，比如，让孩子每学习半小时就休息十分钟，在感到疲惫前先休息，一张一弛。

玩乐和体育锻炼也如此，都能让孩子情绪更高昂，精力更充沛，是

第十六章
自控、规划——教孩子学会时间管理

学习必不可少的补充。

- 教会孩子有条理地生活，分清事情的轻重缓急，孩子能更好地管理自我时间。
- 画出详细的时间安排表，按照表格执行任务，孩子能更加自控，更会规划人生。
- 零散时间利用起来，日积月累，"财富"惊人。
- 劳逸结合不可少，孩子的身体与心灵健康比学习更重要。

第十七章
友善的孩子人人爱——提高儿童人际交往能力

一、人际交往能力是儿童成长中的必备能力

"人际交往"是教育部刚颁布的《3—6岁儿童学习与发展指南》社会领域的第一条要求。人际交往能力的培养是儿童社会领域发展中最重要的内容之一。

美国心理学家卡耐基认为：成功等于30%的才能加上70%的人际关系。可见，培养人的交往能力是多么的重要。

孩子在成长的过程中总是要与他人进行交流，我们会发现，有些孩子在小群体中能很快地适应，与伙伴们相处得很好；而有些孩子不仅不能适应，反而会闷闷不乐，表现为胆小怯弱，或是不讨同伴喜欢。父母应该引起注意，适时引导孩子积极的人际交往原则，让孩子快乐、自如地处理人际关系。

在培养孩子的人际交往能力之前，我们首先要知道，人际交往能力

第十七章
友善的孩子人人爱——提高儿童人际交往能力

的内涵具体包括哪些。

根据心理学专家的分类,人际交往能力的种类主要有以下三种:

1. 表达理解能力

表达理解力包括两个方面:一是表达能力,即一个人能否清楚地将自己的内心意图表达出来,让他人明白他的意思;二是理解能力,即一个人理解其他人意图的能力。我们常常夸奖有些人"善于沟通",又说有些人善于"听画外音",其实就是指他的表达能力和理解能力很好。

2. 人际融合能力

主要指一个人融入人际生活的顺利程度,以及能够接纳和理解他人的程度。这项能力表明了一个人是否能够体验到人的可信以及可爱,它和人的个性(如内外向等)有极大关系,但又不完全由个性决定,更多的是一种心理上的"开放"程度。

3. 解决问题的能力

当前孩子的一大弱点是依赖性强,独立解决问题的能力差,这主要是父母一味督促孩子学习,其他事情一手包办,因而严重影响了孩子自己动手解决问题的能力,也就影响了交往能力。

根据人际交往的三大种类,专家又将人际交往能力的构成细分成以下六种:

1. 人际感受能力

指对他人的感情、动机、需要、思想等内心活动和心理状态的感知能力,以及对自己言行影响他人程度的感受能力。

2. 人事记忆力

指记忆与交往对象及其交往活动相关的一切信息的能力,包括能够记起交往对象个体特征、交往情景、交往内容等。

父母强大了，孩子才优秀：
改变孩子先改变自己

3. 人际理解力

即理解他人的思想、感情与行为的能力。人际理解力是现代企业管理中重要的工作技巧，也是人力资源管理人员必须具备的关键素质之一。人际理解力暗示着一种去理解他人的愿望，能够帮助一个人体会他人的感受，通过他人的语言、语态、动作等理解并分享他人的观点，抓住他人未表达的疑惑与情感，把握他人的需求，并采取恰如其分的语言帮助自己与他人表达情感。

4. 人际想象力即设身处地为他人着想的能力，指能够从对方的地位、处境、身份、立场思考问题，评价对方行为。也就是要求孩子具备"同理心"，能够用共情的方法理解他人。

5. 风度和表达力

这是人际交往的外在表现。指与人交际的举止、做派、谈吐、风度，以及真挚、友善、富于感染力的情感表达，是较高人际交往能力的表现。

6. 合作能力与协调能力

这是人际交往能力的综合表现，是孩子长大后工作中团队合作的必要能力。

由此，我们可以给出衡量孩子人际交往能力的几条基本标准：

1. 不惧怕陌生环境，能很快适应新环境。
2. 必要时，能够控制自己的情绪。
3. 独立性强，不依赖别人。
4. 与小伙伴相处融洽，能在各项活动和游戏中成功合作。
5. 善于并乐于帮助他人，懂得谦让。
6. 能理解成人的意图，即能按成人的意愿去办事，又能提出自己的

第十七章
友善的孩子人人爱——提高儿童人际交往能力

观点和建议。

7. 有组织能力，在游戏和学习中能起到"小领袖"的带头作用，并为伙伴们所喜爱。

8. 在公开场合能清楚地表述自己的想法和建议。

9. 热情开朗，与人交往时能尊重和信任他人。

父母不妨参照以上九条标准，看看您的孩子做到了哪些，哪些方面还需要弥补。

- 人际交往是儿童的基本智能之一，应引起家长的高度重视。
- 父母应正确认识孩子与人交往的需要，有意识地创设交往的条件，满足孩子情感上的需要。
- 在儿童时期培养孩子的人际交往能力，不仅是孩子全面健康发展的需要，也是将来孩子适应社会，适应时代发展的基础，对他们的一生有着极其重要的作用。

二、儿童人际交往中的常见问题

在家庭生活中，父母往往对孩子比较"忍让"。孩子有时无理取闹或者"霸道"，我们多半一笑了之，说一句"大人怎么能跟小孩子计较"。然而，当孩子渐渐长大，开始与小伙伴们交往，交往中的种种问题就会随之而来，让我们无法忽视。

儿童人际交往中的常见问题包括：

1. 互不相让

嘟嘟刚上小班的时候，时常回来跟我抱怨："今天明明是轮到我玩娃娃家，祺祺却非要跟我抢。"还有几次，她回来说玩滑滑梯等大

父母强大了，孩子才优秀：
改变孩子先改变自己

型玩具的时候，老师让他们排队，但总有几个小朋友径直走到前面插队。玩玩具时是这样，回答问题时同样如此。老师提问的时候，明明请了一位小朋友说话，却总有其他小朋友站起来插嘴，两个小朋友争着说话。

2. 动手不动口

一次，我在接嘟嘟放学的时候，亲眼看见了她班上两个男孩的动手过程。浩浩转身的时候胳膊肘不小心碰到了晨晨，晨晨二话没说，反手就给了浩浩一巴掌。浩浩哭着向老师报告晨晨打他，晨晨却说是浩浩先动手的。

我们常常看到，孩子具有很强的"攻击性"，他不管别人是有意还是不小心，只要他觉得受到冒犯，立刻动手还击，而不肯跟对方讲道理。

这种行为，在男孩子中表现得尤为明显。想要某样东西，又觉得说话太费口舌，或者担心说了对方也不给，索性先动手抢过来，于是跟小伙伴产生了矛盾。

3. 不能体谅他人

嘟嘟小班时，总是向我告状，说同学欺负她。很多时候，只是别的小朋友不小心碰到了她，或者不小心弄坏她的玩具，在她看来，都是故意欺负她。

小朋友们之间，类似的矛盾不少，常常会有误会和纠纷。由于年龄还小，孩子们往往不能站在对方的角度考虑问题，总觉得自己受到委屈，被欺负了。

以上三种矛盾都是孩子们的常见现象。因为他们的理解能力、解决问题的能力刚刚起步，所以误会和纠纷特别多，人际交往间的摩擦也特别多。父母最好能掌握一些人际智能，教会孩子如何正确处理以上种种问题。

4. 不愿与人交往

有些孩子在家"小霸王",出门"小绵羊",见到陌生人总是表现得十分害怕、畏缩,不敢说话或者说话声音极小,从不肯主动与小朋友交往,宁可独自一人玩玩具,也不肯融入同伴中做游戏,游离于群体之外。即使有孩子主动邀请他去玩,他也表现得很消极、冷漠,难以适应环境,尤其是新环境。

面对以上种种情况,我们一方面要有信心,只要教育得当,孩子一定能得到显著改善;另一方面,在孩子面前,我们要保持轻松愉快的心情,千万不要表现得焦虑或者责骂孩子,否则只会适得其反。此外,我们还需要掌握一些基本的教育方法。

- 了解儿童人际交往中的常见问题,我们才能对症下药,帮助孩子更好地与人交往。
- 父母的心态决定孩子的心态。发现问题后,平心静气不焦虑,友善积极地帮助孩子解决问题,孩子的交往能力才能得到有效提高。

三、提高儿童人际交往能力的方法

1. 我们要为孩子营造良好的家庭氛围

若想让孩子从小就乐于与人交往,亲子之间的互动很关键。如果父母在孩子幼年为他营造一种关爱、温暖、平等的家庭氛围,让孩子感觉到安全和愉悦,孩子就会有想与人交往的意愿。

父母在与孩子的交往中,不能一味骄纵孩子,助长孩子的气焰。否则孩子在与他人的交往中就会变得蛮不讲理,霸道自私,不讨人喜欢,

父母强大了，孩子才优秀：
改变孩子先改变自己

没有朋友。新闻里时常看到，一些不理智的家长面对儿童间的摩擦，不是告诉孩子如何体谅他人，反倒撺掇孩子打同学，甚至还有一年级新生发生摩擦后，父母跑去学校揍另外一位孩子的恶性事件。这样的家庭，注定教不出友善、合群的孩子。

孩子不会交往的原因还体现在：当幼儿之间发生了矛盾或冲突时，他们缺少解决的方法，不知道可以尝试通过协商、交换、轮流玩、合作等方式解决冲突。这个时候，父母可以营造学习氛围，通过讲故事、角色扮演或是剪辑电视、网络上的视频等方式，让孩子观看、分析、判断，引导孩子学习其中的正确行为。

2. 孩子陷入交往困境常常与其性格或行为习惯有关，所以我们要培养孩子良好的个性品质

开朗乐观、有同情心、宽容、乐于助人的孩子，在人际交往中会更加顺利，更受大家的欢迎。日本的幼儿园教育中有句著名原则：无论走到哪里，无论和谁讲话，笑眯眯最重要。我们也常说"笑眯眯的孩子最可爱"，就人类的天性而言，谁都喜欢跟始终微笑、乐于助人的朋友交往。反之，退缩、胆怯，或是自私、任性的孩子在集体中则往往受到忽视或排斥。

对于孩子的优秀品质，我们要多多给予表扬和鼓励；对于不良品质，我们要及时纠正和引导。在日常生活中，对孩子的行为多给予正面评价，并对交往中遇到的问题进行适当引导，增强孩子的自信心，鼓励他主动与人交往。

对于攻击性较强的孩子，千万不要以体罚解决问题，那只会让孩子有样学样，变本加厉采取攻击性手段。

孩子喜欢攻击他人，常常是因为缺乏安全感和信任感，对别的孩子

第十七章
友善的孩子人人爱——提高儿童人际交往能力

心存戒备。一有小朋友靠近他,他就会觉得受到威胁,然后主动进攻。父母应该给予孩子更多的关爱,帮助他建立安全感;同时带领他多去同龄人较多的地方,引导他多与其他孩子交往,让他知道,其他孩子没有恶意。

此外,孩子打人还可能是尚未学会情感表达的正确方式。很多小孩子并没有意识到自己的"打人"行为是对他人身体的一种侵犯,而是把这种行为当作自己的一种情感表达的方式,用手与其他孩子直接接触来引起别人的注意,我们将之称为"未控制好的打招呼"。父母可以教给孩子以微笑打招呼、交换零食玩具打招呼等方式,来替换这种攻击式打招呼。

3. 我们应为孩子创造交往机会,扩大交际范围

孩子不仅需要与同龄人交往,也要学习与不同年龄、性别、职业的人交流,这不仅有助于培养他们的交际能力,也是帮助他们开阔眼界、认识社会的途径。父母不妨经常带孩子与亲朋好友聚会,尤其是亲朋好友家有同龄孩子的话,更能同时促进孩子与同龄人和长辈的交往能力。如果有条件的话,父母还可以鼓励孩子到邻居家串门,或邀请邻居家的孩子到自家来玩耍。父母也可以带孩子去公园、游乐场等公共场所,让他们观察接触陌生人,或是主动与陌生小朋友合作玩耍。在适应新环境的过程中,孩子的交往能力也能得到锻炼。

4. 孩子们在交往时,往往会自己制定一些规则来约束每个人的行为,谁破坏了这些规则,谁就会受到集体的排斥

只有自觉遵守集体规则的人,才能得到大家的喜爱,也才会有更多的朋友和他一起玩。所以,我们要为孩子建立规则意识,让孩子明白,

父母强大了，孩子才优秀：
改 变 孩 子 先 改 变 自 己

在群体交往中，人人都需要遵守规则，比如排队轮流玩、别人说话不插嘴等。

5. 教会孩子恰当的人际交往语言

语言是最重要的交流工具，我们可以从基础的打招呼、互相问候做起，让孩子学会离家、回家时要主动和家人打招呼；遇见熟人有礼貌地问候；学会节日祝福、礼貌用语等。

我常听人抱怨，说现在的孩子自私、霸道、任性，这与孩子从小没有学会说"请"、"谢谢"、"对不起"有很大关系。

从嘟嘟很小的时候起，我和她爸爸只要请她帮忙，一定会对她说"请嘟嘟……"以及"谢谢嘟嘟"。嘟嘟上了幼儿园以后，放学回来，只要她说起"今天老师帮我……了"、"今天小朋友给我……了"等事情，我们必定问她："你有没有说谢谢呢？"

而如果我们不小心做出了一些让她不愉快的事，我们一定会看着她的眼睛说"对不起"，同时要求她也必须这样做。

只有孩子学会说"请"、"谢谢"、"对不起"，他才会知道别人的帮助不是理所当然，才会明白自己不是世界的中心；也才更能对世界充满感激，更容易发现真善美。

除了日常语言习惯，我们还要训练孩子的语言表达能力。有些孩子虽然有一颗友善的心，但不善表达、沟通，别人无法理解他的想法，也会造成误会，影响正常的人际交往。因此，我们要引导孩子礼貌地、条理清晰地表明自己的观点，而不是用攻击性的语言或行为来让对方认同自己。日常生活中，也可以就身边发生的事情，和孩子展开讨论，让他发表看法，或对不同观点进行辩论，以此提高孩子的语言表达能力。

第十七章
友善的孩子人人爱——提高儿童人际交往能力

6. 我们要让孩子学会设身处地

6岁以前,孩子有一个明显的心理特征——自我中心化。意思是指一个人只从自己的角度,用自己的眼光和感情去看待周围世界,处理遇到的问题。他把每一件事情都与自己的身体关联起来,根据自己的需要和感情去判断、理解事物,而完全不能采取别人的观点,不去注意别人的意图,不会从别人的角度看待问题。"自我中心"倾向使人不能清醒地认识客观事物,妨碍着人们的理智,妨碍着人们的感情交流,妨碍着人们相互理解。

儿童的成长是一个"去自我中心化"的过程。"去"指的是消去、除去,即通过心理换位,慢慢由以自我为中心过渡到能够设身处地为他人着想。在动作协调的基础上,儿童逐渐学会区分主体与客体,逐渐意识到自我,并尽可能找到自我在世界中的地位,因而能够在自我与世界、自我与他人之间建立相互联系。这就是去自我中心化的过程。

在教育过程中,若父母一味迁就孩子,孩子就不容易从别人的角度考虑问题。父母应通过讲故事、看视频、交流讨论等方式,让孩子明白他人的想法,让孩子能够站在别人的角度看问题,从而提高人际交往能力。

- 作为父母,我们要及时发现并引导孩子面对和解决交往过程中的矛盾,帮助他们在矛盾中成长,在磕磕碰碰的攀爬中通往成熟。
- 良好的家庭氛围有利于孩子学会理解、关爱、互助等,有助于提高孩子被同伴接纳的概率,让孩子在人际交往中更顺利。
- 在人际交往中,"请"、"谢谢"和"对不起"是有魔力的词语。父母可以在平时的教育中,通过口头教育与亲身示范,让孩子把这几

父母强大了，孩子才优秀：
改 变 孩 子 先 改 变 自 己

句话内化成他的日常语言。
- 设身处地从对方所处的位置、角色和情境中去思考、理解和处理，深刻体察他人潜在的行为动因，不以自己的心态简单地看待问题和对待他人，这是人际交往中的重要智慧。父母要引导孩子学会心理换位，让孩子成为愿意为他人着想的人。